Kompass Wanderführer

Wanderführer Deutsch-Belgischer Naturpark Hohes Venn — Eifel

Ausgewählt, begangen
und beschrieben
von Hans Naumann
in Zusammenarbeit mit
Naturpark Nordeifel e. V., Aachen
Naturpark Hohes Venn/Eifel G.o.E., Lüttich

W0061113

Deutscher Wanderverlag
Dr. Mair & Schnabel & Co. · Stuttgart

Die große Wanderbuch-Reihe für grenzenloses Wandern

Weitere Veröffentlichungen des Verfassers

Kompass Wanderführer Eifel
Kompass Wanderführer Moselhöhenwege
Kompass Wanderführer Ahrgebirge – Osteifel
Kompass Wanderführer Vulkaneifel – Südeifel
Kompass Radwanderführer Eifel
Kompass Radwanderführer Romantische Straße
Kompass Radwanderführer Donau
DJH-Wegweiser Vulkaneifel – Südeifel – Ahrtal
DJH-Wegweiser Saar – Mosel

Gesamte Kartographie:
Ing.-Büro Adolf Benjes

Umschlagbild:
Blick auf Einruhr und den Obersee
(*Foto:* Gemeinde Simmerath)
Bild auf Seite 2:
Die Hill zwischen Hohem Moor und Wallonischem Venn
(*Foto:* Hans Naumann)

4., völlig neubearbeitete Auflage 1995

ISBN 3-8134-0202-9

© 1987. **Deutscher Wanderverlag Dr. Mair & Schnabel & Co.,**
Zeppelinstraße 44/1, D-73760 Ostfildern (Kemnat)
Alle Rechte, auch die der photomechanischen Wiedergabe
und der Übersetzung, vorbehalten.
Satz: Gerda Kaul, D-73240 Wendlingen
Druck: Siegfried Roth, D-73277 Owen/Teck
Printed in Germany

Gedruckt auf 100% chlorfrei gebleichtes Papier

Inhalt

Übersichtskarte 10
Orts- und Sachverzeichnis 12
Bilderverzeichnis 16
Geleitwort 17
Der Deutsch-Belgische Naturpark Hohes Venn – Eifel 18
Wandern im Naturpark Hohes Venn – Eifel 20
Verhaltensregeln für Wanderer in den Naturschutzgebieten des
Hohen Venn 22
Wanderwege und ihre Markierungen 23
Wanderkarten 24
Anschriftenverzeichnis 216
Weitere Veröffentlichungen des Verfassers 219
Weitere Wanderführer und Radwanderführer des Verlages 220

Rundwanderungen

(nach Ausgangsorten in Einzugsgebieten)

Hürtgenwald – Dürener Rur-Eifel – Rurseengebiet

1 Rennweg im Hürtgenwald – Laufenburger Wald – Meroder
Wald (9 km) 25
2 Großhau – in den Hürtgenwald über der Wehebachtalsperre
(8 km) 27
3 Simonskall – Kallbrück – Kalltalsperre (17 km) 29
4 Um das Staubecken Obermaubach (Seerundweg und Hö-
henweg) (7 oder 15 km) 31
5 Nideggen – Rurtal bis Abenden (8, 12 oder 13,5 km) 34
6 Um die Rurtalsperre Schwammenauel (Wanderstrecken
nach Wahl, Abkürzungen durch Bootsfahrt) (4 bis 25 km) 36
7 Zwischen Heimbach und Schmidt (14 km) 39
8 Heimbach – Abtei Mariawald – Staubecken Heimbach
(8 oder 11 km) 42
9 Kermeter – Urfttalsperre – Obersee – Rurtalsperre Schwammenauel; 3 Rückwege über den Waldlehrpfad Kermeter
(5 bis 15 km) 44
10 Einruhr – Obersee – Urfttalsperre (Ufer- und Höhenweg)
(8 bis 10 km) 46

Stolberg – Roetgen – Monschauer Land

11 Stolberg: Breinigerberg – Waldschänke – Münsterwald – Naturlehrpfad Roggenläger (7 km) 48
12 Stolberg: Waldlehrpfad am Forsthaus Zweifall (4,3 km) 50
13 Stolberg: Venwegen – Mulartshütte – durch den Münster-
wald (6 oder 11 km) 51

14 Aachen: Relais Königsberg – Münsterwald – Wasserlehrpfad am Filterwerk der Dreilägerbachtalsperre (13 km) 53

15 Roetgen – Dreilägerbach – Naturschutzgebiet Wollerscheider Venn; Verbindung Simmerath – Lammersdorf (12 km) 55

16 Dreilägerbachtalsperre und ihr Wassereinzugsgebiet (9 km) 58

17 Roetgen oder Petergensfeld – Ruinen der Reinartzhöfe – Wesertal (15 km) 60

18 Bahnhof Konzen – Naturschutzgebiet Steinley – Grenzweg (12 km) 63

19 Monschau – Mützenich – Grenzwege – Brackvenn – Reichenstein – Rurtal (17 km) 66

20 Monschau – Naturschutzgebiet Gebirgsbach Rur – Reichenstein – Küchelscheid – Ruitshof – Richelsley mit Kreuz im Venn (7 oder 14 km) 69

21 Monschau: Um die Perlenbachtalsperre (7,5 km) 72

22 Monschau: Höfener Mühle – durch deutsche und belgische Naturschutzgebiete (9, 15 oder 20 km) 74

23 Rothe Kreuz – Narzissenwiese – Wahlerscheid – Naturschutzgebiete Döppeskaul und Fuhrtsbachtal (10,5 km) 77

Hertogenwald – Eupener Land – östliches Venn

24 Raeren: Durch den Raerener Wald über den Vennberg (8,5 km) 79

25 Vennkreuz – Wesertalsperre – Osthertogenwald (12 oder 15 km) 81

26 Eupen – Stadtwald – Wesertalsperre mit Wasser- und Waldlehrpfad (10 km) 83

Lungen-Enzian im Hohen Venn   (Foto: Hans Naumann)

27 Eupen – Westhertogenwald – Gileppe-Talsperre (6,8 oder 15 km) 85
28 Eupen: Kluse – Hilltal – Wesertalsperre; Verlängerung über Ternell (11 oder 17 km) 88
29 Ternell – Kutenhart im Naturschutzgebiet Steinley (8 km) 91
30 Um und durch das Naturschutzgebiet Brackvenn (7 km) 93

Auf dem Vennplateau

31 Baraque Michel – Naturlehrpfad Poleur Venn; Verbindung von Mont Rigi (4,5 oder 6 km) 94
32 Baraque Michel – Setai-Venn – Sechs Buchen – Kreuz der Verlobten (6 oder 12 km) 96
33 Baraque Michel – Naturschutzgebiete Hohes Moor und Wallonisches Venn (8 oder 11 km) 98
34 Botrange – Neûr Lowé – Naturparkzentrum – Wallonisches Venn (6,5 km) 101
35 Botrange – Naturlehrpfad Poleur Venn – Baraque Michel (9 oder 13 km) 103
36 Botrange – um und durch das Wallonische Venn (11 km) 106
37 Naturparkzentrum Botrange – G'hâsterbach-Schlucht – Bayehon mit Wasserfällen, mit Verlängerung zur Bayehon-mühle (10 bis 11,5 km) 108

Westliches und südliches Venn – Malmedyer Land

38 Zu den Wildbächen rund um Solwaster (15 km) 110
39 Hockai – Sechs Buchen – Vekée; Verbindung von Baraque Michel (13 oder 17 km) 115
40 Trô Maret Brücke – Sechs Buchen – Targnonbach und Rotwasser (13 km) 118
41 Naturschutz- und Venngebiete Longfaye, Neûr Lowé, Setai und Frêneu (10 km) 121
42 Sourbrodt – um den Rurbusch und von Venn zu Venn (kleine und große Tour) (12 oder 14 km) 123
43 Hoffrai (Xhoffraix) – Ovifat – Burg Reinhardstein – Bachschluchten und Höhen (8, 11 oder 15 km) 126
44 Malmedy – Bernister – Naturschutzgebiete Duzos Moûpa und Boltêfa – Sturzbach Trô Maret – Ferme Libert (8 oder 16 km) 129
45 Robertville – Burg Reinhardstein – Walk – Robertviller Talsperre (10 km) 132
46 Robertviller Talsperre – Warchehang und Warchetal (17 km) 135

Belgische Nordeifel – Hellenthaler Grenzwälder

47 Lager Elsenborn – Nidrumer Heck – Warchetal – Weywertzer Heck (10 km) 137
48 Um die Bütgenbacher Talsperre (11 km) 139
49 Manderfeld – Eimerscheid – Zitterwald bis Buchholz – Frankenbach (14 oder 17 bis 18 km) 141
50 Hollerath – Rocherather Wald – Naturschutzgebiete im Oleftal (19 oder 22 km) 143
51 Durch den Rocherather Wald und zum Weißen Stein (8, 17 oder 20 km) 146
52 Zwischen Udenbreth und Losheimergraben durch den Zitterwald (17 km) 150

Schleiden – Kall – Nettersheim – Blankenheim – Mechernicher Voreifel – Bad Münstereifel

53 Schleiden – zum Wildfreigehege Hellenthal (8 oder 13 km) 153
54 Gemünd – Wolfgarten – Abtei Mariawald (5, 8 oder 16 km) 155
55 Zwischen Wildenburg und Reifferscheid (9 km) 158
56 Urft – Eifelbasilika Steinfeld – Marmagen – Nettersheim – Römerkanal-Wanderweg (6 oder 18 km) 160
57 Nettersheim – Natur- und Geschichtspfad – Geologischer Wanderpfad (4, 6, 9, 14 oder 19,5 km) 164
58 Bahnhof Blankenheim (Wald) – Wacholderweg – Blankenheim – Sonnenweg (9 oder 18 km) 167
59 Blankenheim – Ahrtalweg – Naturschutzgebiet Nonnenbachtal (10 km) 170
60 Blankenheim: Alendorf – Wacholderschutzgebiet Lampertstal (11 km) 172
61 Mechernich: Vussem – Kartstein – Römerkanal-Wanderweg (13 km) 175
62 Mechernich: Hochwildpark Rheinland bei Kommern – Katzvey – Satzvey – Mechernicher Wald – Burgfey (5 oder 9 km) 178
63 Bad Münstereifel: Nöthener Tannen – Heidentempel bei Pesch – Naturschutzgebiete Eschweiler Tal und Kalkkuppen (14 km) 180

Oberes Kylltal – Prümer Land mit Schnee-Eifel

64 Zwischen Stadtkyll und Kronenburg (11, 13 oder 15 km) 182
65 Schneifelhöhe zwischen Schwarzer Mann und Mooshaus (6, 10 oder 15 km) 185
66 Bleialf – Alfbach – Schneifelhöhe Schwarzer Mann (14 oder 19 km) 188
67 Zwischen Bleialf und Schönberg (17 km) 191
68 Prüm – Wacholderschutzgebiet Mehlen – Gondenbrett (15 km) 194

69 Prümer Land: Rundgang durch die Schönecker Schweiz –
    Rückweg Schönecken – Prüm (9 und 12 km)   197
70 Winterspelt – Heckhalenfeld – Dackscheidberg – Grenzwan-
    derweg (7 oder 12 km)   200

Sankt Vither Land – Burg-Reuland – Dreiländereck

71 Schönberg – Klein- und Großweberbach, mit Verlängerung
    über Herresbach (9 oder 13 km)   202
72 Steinebrück – Grenzwanderwege – Winterspelt – Ihren (10
    oder 13 km)   204
73 Steinebrück – Hemmeres – Maspelt – Neidingen – Lommers-
    weiler (5,5, 9 oder 12 km)   207
74 Burg-Reuland – Federbachtal – Richtenberg – Ourberg
    (9 km)   209
75 Zwischen Ouren und Stupbach über die Ourberge (15 km)   211
76 Ouren – Europadenkmal – im Dreiländereck (9 oder 12 km) 213

Streckenwanderungen

 6 Um die Rurtalsperre Schwammenauel, Abkürzung durch
    Bootsfahrt (ab 4 km)   36
10 Einruhr – Obersee – Urfttalsperre, Rückkehr mit dem Schiff
    (4 oder 8 km)   46
69 Von Schönecken nach Prüm (12 km)   197

Rucksackverpflegung   (Foto: Hans Naumann)

Rundwanderungen

Streckenwanderungen

Orts- und Sachverzeichnis

Mit Nummern-Angaben der betreffenden Wanderungen.
Schräg-gedruckte Zahlen weisen auf Kurzbeschreibung im Text hin.

Aachen 13 (Kitzenhaus), 14
  (Relais Königsberg)
Abenden *5*
Alendorf 60
Amelscheid 67

Bad Münstereifel *63*
Baraque Michel *31, 32, 33, 35*
Bayehon, -bach, -mühle 37, 41,
  43
Berg 48
Bergstein *4*
Bernister 44
Bevercé 44
Blankenheim *58, 59, 60* (Alen-
  dorf)
Bleialf *66,* 67
Botrange, Signal de – und Natur-
  parkzentrum *34–37*
Brackvenn 19, 30
Breinig, -erberg *11*
Brück (Nideggen-) 5
Buchen: 6 Buchen (ND) *32, 39,*
  40
Buchet (Gemeinde) 66
Buchholz 49
Büllingen *49* (Buchholz, Mander-
  feld), *52* (um Losheimergra-
  ben)
Bütgenbach, -er Talsperre 47
  (Elsenhorn, Nidrum), 48
Burgfey *62*
Burg-Reuland 73 (Maspelt), *74,*
  75 *und 76* (Ouren)

Charneux 38

Dackscheid 70
Dahlem *64* (Kronenburg)
Dalbenden 56
Dreilägerbachtalsperre 14–*16*
Dreimühlen 61

Eimerscheid *49*
Einruhr *10*

Eiserfey *61*
Elcherath 73
Elsenborn, Lager *47*
Eupen 25, *26–30*
Europadenkmal *76*

Ferme Libert 44
Francorchamps 38 (Belleheid), 39
  (Hockai)

Gemünd *54*
Gileppe-Talsperre *27*
Gilsdorf 63
Gondenbrett 68
Grenzwanderweg Mooshaus-
  Ouren (Teilstrecken) 65, 67,
  70, 72, 73, 75, 76
Großhau 2

Halenfeld 66
Harspelt 76 (Hubertyshof)
Heckhalenfeld 70, 72
Heckhuscheid 70 (Dackscheid)
Heimbach 6–9
Hellenthal 50–53, 55
Hemmeres 72, 73
Herresbach 71
Hertogenwald 25–30
Hockai *39*
Höfener Mühle 22
Hoffrai *43*
Hogne (La Hoegne) *32, 38, 39*
Hollerath 50,51
Holzheim 49
Hürtgenwald *1, 2, 3* (Simonskall),
  4 (Zerkall, Bergstein), 5
  (Zerkall)

Igelmondermühle 49
Ihren 72

Jalhay 27 (Gileppe-Talsperre) 31–
  33 und 39 (Baraque Michel);
  38 (Charneux, Solwaster)

Kall *55* (Wildenburg), 56 (Urft, Steinfeld)
Kallbach, Kalltal, Kalltalsperre *3*
Kallmuth 61
Kalterherberg 20, (22)
Kartstein mit Kakushöhle *61*
Katzvey *62*
Kermeter 6, 8, *9,* 10
Kitzenhaus 13
Kommern *62*
Konzen *18*
Kreuzau 4 (Obermaubach)
Kreuz der Verlobten *32, 39*
Kreuz im Venn *20*
Kronenburg, -er Hütte, -er See *64*
Küchelscheid 20
Kutenhart 17, 28, 29

Lammersdorf 15
Langerwehe *1* (Laufenburg u. a.)
Lascheid 74
Laufenburg *1*
Leyloch 19
Lommersweiler *73*
Longfaye, – Venn mit Alter Eiche *37,* 41
Losheimergraben *52*
Lützkampen 76 (Stupbach, Welchenhausen)

Malmedy 40 (Mont); *43* (Xhof-fraix/Hoffrai), *44;* 46 (Chôdes)
Manderfeld *49*
Mariawald, Abtei *8,* 54
Marienbildchen *1*
Marmagen 56
Maspelt 73
Mechernich *61, 62*
Medendorf 49
Merode 1
Monschau 18–23
Mont Rigi *31,* 35
Moor, Großes (bei Baraque Michel) 31, 33, 35, 39
Moor, Hohes 33, 35
Mooshaus *65*
Münsterländchen, Münsterwald *11,* 13, 14
Mürringen (Holzwarchetal) 51, 52

Mützenich (Monschau) 19
Mützenich (Prümer Land) 67
Mulartshütte *13*

Naturschutzgebiete/Reserves Naturelles
– Allgemeines Venn 18
– Blankenheim, Im Simonsseifen 58
– Bocksvenn 51, 52
– Boltêfa 40, 44
– Brackvenn 19, 30
– Clefayvenn 42
– Crêtes de la Warche 46
– Döppeskaul 23
– Duzos Moûpa 40, 44
– Eschweiler Tal und Kalkkuppen 63
– Fobisbach 14
– Frêneu 40, 41
– Fuhrtsbachtal 23
– Gebirgsbach Rur 19, 20
– Gillesbachtal 56
– Großes Moor 31, (33), 35, 39
– Herzogenvenn 42
– Hohes Moor 33, 35
– Holzwarchetal 52
– Kalkkuppen 57
– Kartstein, Kakushöhle und Steinwall 61
– Kleinweberbach 72
– Kutenhart 17, 28, 29
– Lampertstal, Wacholderschutz-gebiet 60
– Longfaye 37, 41
– Mehlen, Wacholderschutzgebiet 68
– Münsterwald, Oberlauf der Inde und Prälatensief 14
– Nesselo 42
– Nettersheim und Urfttal 56, 57
– Neûr Lowé 34, 35, 37, 41
– Nonnenbachtal 59
– Oberes Oleftal 50, 51
– Obermaubach, Rurauen 4
– Perlenbach und Schwalm 22
– Rohrvenn 65
– Rotwasser 40, 44
– Rurvenn 42

13

Naturschutzgebiete/Reserves
  Naturelles
– Schlangenberg 11
– Schwarzes Venn 42
– Setay 32, 37, 41
– Steinley 17, 18, 29
– Wallonisches Venn 33, 34–36,
  42
– Wollerscheider Venn 15
Neidingen 73
Nettersheim 56, 57, 63 (Pesch)
Nideggen 4–7
Nidrum 47
Niederlascheid 66
Niedermehlen 68
Nöthen 63
Nonnenbach, -tal 58, 59

Oberhausen (Schleiden) 53
Obermaubach 4
Obermehlen 68
Obersee (6), 9, 10
Olef, -tal, -talsperre (6), 50, 53,
  54
Ommerscheid, -er Wald 71
Our, -tal 52, 67, 71–73, 75, 76
Ouren 75, 76
Ovifat 43

Paulushof, Staudamm 6, 9, 10
Perlenbach, -talsperre 21, 22
Pesch 63
Petergensfeld 17
Peterskirche 76
Poleur Venn, Naturlehrpfad 31,
  35
Prüm 68, 69

Raeren 17 (Petergensfeld), 24, 25
  (Vennkreuz)
Reichenstein 19, 20
Reifferscheid 55
Reinart, -zhöfe 17
Reinhardstein, Burg 43, 45, 46
Rennweg 1
Reuland: siehe Burg-Reuland
Richtenberg 74, 75
Robertville, -r Talsperre 45, 46
Rocherather Wald 22, 50, 51

Römerkanal (Röm. Wasserleitung
  nach Köln) 56, 57, 61, 62
Roetgen 13 (Mulartshütte), 14–17
Roggenläger, Naturlehrpfad 11
Rommersheim 69
Rothe Kreuz 23
Rott, Rotterdell 14
Rotwasser, Eau Rouge 40, 44
Ruitshof 20
Rurberg 6, 9, 10
Rur, -tal, -talsperre 4–10, 19, 20,
  42

Sankt Vith 67 und 71 (Schön-
  berg); 72 und 73 (Steinebrück)
Satzvey 62
Sevenig (Our) 76
Simmerath 3 (Kalltalsperre); 6
  und 9 (Rurtalsperre Schwam-
  menaul u. a.); 10 (Einruhr
  u. a.); 15 (Lammersdorf)
Simonskall 3
Solwaster 38
Sourbrodt 42, 47 (Lager Elsen-
  born)
Schevenhütte (1)
Schleiden 53, 54 (Gemünd)
Schmidt 7
Schönberg 67, 71
Schönecken 69
Schwalm: siehe Perlenbach
Schwammenauel, Rurtalsperre
  6–10
Schwarzenbroich, Ruine 1
Schwarzer Mann, Schneifelhöhe
  65, 66

Stadtkyll 64
Steinebrück 72, 73
Steinfeld 56
Steinley (NSG) 17, 18, 29
Stolberg 1 (Schevenhütte-Renn-
  weg), 11 (Breinigerberg), 12
  (Zweifall), 13 (Venwegen)
Stubach, Stupbach 75
St. Vith: siehe Sankt Vith

Talsperren/Barrages
– Bütgenbacher Talsperre 58

Talsperren/Barrages
– Dreilägerbachtalsperre 14–16
– Gileppe-Talsperre 27
– Heimbach, Staubecken 7, 8
– Hillstauung 28
– Kalltalsperre 3
– Kronenburger See 64
– Obermaubach 4
– Obersee 9, 10
– Perlenbachtalsperre 21
– Robertviller Talsperre 45, 46
– Rurtalsperre Schwammenauel
  6–10
– Schwarzbachstausee 42
– Urfttalsperre 9, 10
– Wehebachtalsperre 2
– Wesertalsperre 25, 26, 28
Ternell *28*, 29
Tierparks
– Hellenthal, Wildfreigehege 53
– Mechernich-Kommern, Hoch-
  wildpark Rheinland 61
– Nideggen-Schmidt, Wildfreige-
  hege 7
Trô Maret (Sturzbach) *40, 44*

Udenbreth *51,* 52
Urfey 61
Urft, -tal, -talsperre *(6), 9, 10,*
  54, 56–58

Vennkreuz 25
Venwegen *13*
Vollem *61*
Vussem *61*

Wacholderweg *58,* 60
Wahlerscheid 23
Waimes: siehe Weismes
Wallonisches Venn *33,* 34–36, 42
Walk *45*
Warche, -tal *43–48, 52*
Wehebachtalsperre *2*
Weidinger 66
Weiermühle 53
Weismes/Waimes 34–37 (Botran-
  ge); 33 und 42 (Wallonisches
  Venn, Sourbrodt); 45 und 46
  (Robertville)
Weißer Stein 51, 52
Welchenhausen 75
Weser, -tal, -talsperre *17,* 25, 26,
  28
Weyer 61
Weywertz/Wévercé 47
Wildenburg *55*
Wildnarzissengebiete 22, 23,
  50–52
Winterspelt *70,* 72, 73 (Steine-
  brück, Hemmeres)
Wirtzfeld 48
Woffelsbach 6
Wolfgarten 54
Wollerscheider Venn *15*

Xhoffraix/Hoffrai *43*

Zerkall 4, 5
Zingscheid 55
Zingsheim *57*
Zitterwald 49–52
Zweifall 12

Wildnarzissen im deutsch-belgischen Grenzgebiet   (Foto: Hans Naunmann)

15

Moosbeere, ein Heidekrautgewächs in Hochmooren, vom Aussterben bedroht

(Foto: Hans Naumann)

Bilderverzeichnis

Die Hill zwischen Hohem Moor
und Wallonischem Venn 2
Lungen-Enzian 6
Rucksackverpflegung 9
Wildnarzissen 15
Moosbeere 16
Sonnentau 17
Wallonisches Venn 19
Blick von der Bieley ins Perlen-
bachtal 21
Hürtgenwald mit Wehebachtal-
sperre 29
Rurtalsperre Schwammenauel 38
Einruhr und der Obersee 48
Grenzstein im Münstervenn 53
Gedenkstätte »Unsere liebe Frau
vom Reinart« 60
Naturschutzgebiet Steinley,
»Pingo« 63
Wildschwein 65
Richelsley mit Kreuz im Venn 70
Am Steilfelsen Bieley 75
Wesertalsperre 81
Gileppe-Talsperre 87

Brackvenn 94
Kapelle Fischbach 99
Poleur Venn 105
Hilltal zwischen Hohem Moor
und Wallonischem Venn 106
An der wilden Hogne 111
Kreuz der Verlobten und Grenz-
stein 114
Wanderer 118
Nesselo 123
Die »Eiche aller Eichen« im
Longfaye Venn 125
Fliegenpilze 152
Nettersheim, Römerquelle
»Grüner Pütz« 161
Blankenheim, Blick vom Weiher
auf die Burg 170
Römerkanal bei Eiserfey 177
Kronenburger See, Wanderbrücke
über die Vorsperre 183
Prüm, St.-Salvator-Basilika 195
Dreiländereck, Europadenkmal 213
Rast im Lonlou 215
Kreuz bei Auw 217

Zum Geleit

Der Deutsch-Belgische Naturpark Hohes Venn – Eifel umfaßt Gebiete diesseits und jenseits von Staats- und Landesgrenzen; er verbindet die zusammengehörigen Naturräume des Hohen Venns und der nördlichen Eifel im Königreich Belgien und in den deutschen Bundesländern Nordrhein-Westfalen und Rheinland-Pfalz.

Der Zusammenschluß Europas hat mit dem Wegfall der Zoll- und Handelsgrenzen eine wichtige Voraussetzung geschaffen, daß nunmehr Bewohner und Besucher sich ungehindert im gesamten Naturparkgebiet bewegen und begegnen können.

Der vorliegende Wanderführer hat einen Schwerpunkt auf reizvolle Wanderungen über die alten Grenzen hinweg gelegt und leistet damit einen wichtigen Beitrag zu unserem Ziel, die Menschen der verschiedenen europäischen Völker durch Kennenlernen von Landschaft und Natur, von Geschichte und Kultur hüben und drüben einander näherzubringen.

Besonders erfreulich ist, daß die Wandervorschläge mit den Verantwortlichen der Naturparkarbeit vorher abgestimmt wurden; so kann der Benutzer darauf vertrauen, daß er die Natur im notwendigen Maße schont.

Wir wünschen deshalb viel Freude und Erfolg beim Kennenlernen unseres Naturparks anhand dieses Buches.

Alois Sommer	*Josef Moxhet*
Vorsitzender des	Präsident der G.o.E.
Naturparks Nordeifel e. V.	Naturpark Hohes Venn/Eifel

Sonnentau in moorigem Tümpel   (Foto: Hans Naumann)

Der Deutsch-Belgische
Naturpark Hohes Venn – Eifel

Vor fast 35 Jahren wurde im Eifelraum des ehemaligen Regie-
rungsbezirks Aachen der Naturpark Nordeifel gegründet. Er gehört mit zu den ersten Naturparks, die auf Initiative des Ham-
burger Reeders Alfred Toepfer in der Bundesrepublik entstanden, mit dem Ziel, möglichst großräumige und von der Natur-
ausstattung reiche Landschaften zu erhalten und für die Erholung der Großstadtbevölkerung zugänglich zu machen. Das 1359
km^2 große Gebiet von Nordhrein-Westfalen wurde 1969 um 404
km^2 in Rheinland-Pfalz ausgedehnt. Seit 1971 ist der Naturpark
Nordeifel mit dem 1970 gegründeten belgischen Naturpark Hohes Venn/Eifel (722 km^2) zum insgesamt 2485 km^2 großen
Deutsch-Belgischen Naturpark zusammengeschlossen. Es han-
delt sich um eine Mittelgebirgslandschaft im Herzen Westeuro-
pas zwischen den Tälern und Stadtlandschaften von Rhein und
Maas mit einer Nord-Süd-Ausdehnung zwischen Aachen und
der luxemburgischen Grenze von ca. 75 Kilometern und einer
West-Ost-Ausdehnung zwischen Malmedy und Euskirchen von
etwa 60 Kilometern. Dieser große Raum mit seinen weiten Na-
turlandschaften und dünner Besiedlung bietet vielfache Möglichkeiten der Erholung, der Freizeit in der Landschaft und des
Naturerlebnisses.

Wald, Wasser und weitgezogene Berghöhen sind besondere
landschaftliche Merkmale unseres Raumes. Typisch ist der Cha-
rakter weiter Hochflächen, die zum Rand hin von zunehmend
tiefen Tälern eingeschnitten werden. Eine Besonderheit von eu-
ropäischem Rang ist das Hohe Venn mit großen (4000 ha) Hoch-
moorflächen, die als Naturreservate geschützt und von landschaftlich einzigartigem Reiz sind. Die höchsten Bergrücken von
beinahe 700 Meter Höhe liegen entlang der deutsch-belgischen
Grenze auf dem Rücken dieses Hohen Venns und der Schneifel.
An diese meist flach ausgeformte Gebirgskammlinie, die das
Quellgebiet zahlreicher Bäche bildet, schließen sich westlich der
Herzogenwald mit dem Weser- und Gileppetal und die Täler der
Warche und Our auf der belgischen Seite an, auf der deutschen
Ostseite die Landschaft der Rureifel mit den teilweise steilwan-
digen Bachtälern von Rur, Kall, Olef und Urft, nach Süden hin
die Flußgebiete der Erft, der Kyll und der Prüm. Fast alle diese
Flüsse werden in insgesamt 15 Talsperren mit einem Stauinhalt
von zusammen rund 380 Millionen Kubikmetern zur Nutzung
des Wassers für die angrenzenden Ballungsgebiete aufgesam-
melt. Diese Talsperren tragen zur Vielfalt der Landschaft beson-

ders bei. Am Ostrand des Naturparks finden wir die schon überwiegend landwirtschaftlich geprägten Gebiete der Mechernicher Voreifel und der Kalkeifel, die sich durch ihren ganz anderen Landschafts- und Florencharakter deutlich abheben.

Mit 46% nimmt der Wald den beherrschenden Flächenanteil des Naturparks ein, wobei die Nadelwälder, besonders die Fich te, ein deutliches Übergewicht, besonders in den höchsten und ebenen Lagen haben, während Buchen- und Eichenwälder in den niedrigen Lagen und häufig in den Hängen sich halten konnten und auch wieder vermehrt zur Anpflanzung kommen. Die Landwirtschaft ist in den Höhen über 500 Meter fast ausschließlich als Grünland- und damit Milchwirtschaft anzutreffen, während sie in niedrigen Lagen und im Ostteil des Naturparks auch ausreichende Boden- und Klimabedingungen für Ackerwirtschaft findet.

Die menschliche Besiedlung findet überwiegend in zahlreichen Dörfern und in wenigen kleinen Städten statt. Keine davon

Wallonisches Venn, am Torfabstich im Gebiet der Rurquellen (Foto: H. Naumann)

überschreitet die Größe von 10 000 Einwohnern. Der Naturpark wird von Autobahnen umrandet und in seinem Südteil auch durchschnitten, von denen aus ein dichtes Netz von Straßen alle Ziele leicht erreichbar macht.

Die beiden Naturparkträger, der deutsche Verein Naturpark Nordeifel und die belgische Gesellschaft Naturpark Hohes Venn/Eifel (Anschriften im Anhang), haben die Aufgabe, für den Schutz, die Erhaltung und die Pflege von Natur und Landschaft einerseits und deren Erschließung zur naturnahen Erholung andererseits Sorge zu tragen. Hierfür entstanden über 400 Parkplätze und über 100 Rast- und Spielplätze, etwa 200 Schutzhütten, 5000 Bänke und 500 Tische für Ruhe und Rast. Über 4000 Kilometer Wanderwege wurden hergerichtet und gekennzeichnet. Zahlreiche Trimmpfade und Grillplätze gehören ebenso dazu wie ein reichhaltiges Angebot von Lehrwegen, Tiergehegen und Naturinformationsmöglichkeiten aller Art, als wichtigste das Naturparkzentrum Botrange im Hohen Venn und das Naturerlebnisdorf Nettersheim. Während in der Gründungszeit der Arbeitsschwerpunkt bei den Erschließungs- und Einrichtungsmaßnahmen für die Erholung lag, hat sich die Arbeit inzwischen stark auf Schutz und Pflege der Naturlandschaft und besonders auch die Information der Besucher über die Natur verlagert.

Diese Landschaft zu schützen, damit ihr natürlicher Reichtum auch kommenden Generationen gesichert bleibt, und sie gleichzeitig der stillen – rücksichtsvollen – Erholung offenzuhalten, bleibt wichtigste Aufgabe der Naturparks. Hierfür benötigen sie vor allem die verständige Mithilfe ihrer vielen Besucher.

Rainer Kerz
Geschäftsführer des Naturparks Nordeifel e. V.

Wandern im Naturpark Hohes Venn – Eifel

Die in vorstehender Einführung bereits genannten, besonderen Merkmale des Deutsch-Belgischen Naturparks Hohes Venn – Eifel bestimmen die Schwerpunkte dieses Wanderführers.

Als Naturfreund ist der Wanderer stets aufgerufen, die zum Schutz der Natur erlassenen Vorschriften zu beherzigen, vor allem auch die speziellen, im nachstehenden Abschnitt eigens aufgeführten »*Verhaltensregeln für Wanderer in den Naturschutzgebieten des Hohen Venn*«.

Dem Wanderer im Naturpark stehen viele spezielle Wander-karten und gekennzeichnete Wanderwege zur Verfügung. Auf beide wird bei den einzelnen Touren und auf den folgenden Seiten dieses Buches näher eingegangen.

Die Kartenausschnitte dieses Buches sind in der Regel im Maßstab 1:50 000 gezeichnet. Die angegebenen Wanderzeiten entsprechen mittleren Gehzeiten ohne Pausen. Als Höhenunterschied ist jedes Auf und Ab addiert.

Hinweise, vor allem auf Änderungen von Markierungen und im Wegeverlauf, nehmen Verlag wie Autor gerne entgegen.

Dieses Buch ist ein partnerschaftlich entstandenes Werk. Mein herzlicher Dank gilt allen, die zu seinem Gelingen beigetragen haben, gerade auch den Vorsitzenden der Naturparkvereine für ihr ehrendes Geleitwort und dem Geschäftsführer des Vereins Naturpark Nordeifel, Herrn Forstdirektor Kerz, Aachen, für seine engagierte Mithilfe und die gute Zusammenarbeit.

Hans Naumann

Naturschutzgebiet Perlenbach/Obere Schwalm, Blick von der Bieley ins Perlen-bachtal (Foto: Hans Naumann)

Verhaltensregeln für Wanderer
in den Naturschutzgebieten des Hohen Venn

Weite Flächen des Hohen Venn, insbesondere viele waldfreie Moorgebiete, sind zum Schutz der seltenen und bedrohten Tier- und Pflanzenwelt zu Naturschutzgebieten (Reserves Naturelles) erklärt worden. Diese Gebiete dürfen nur gemäß nachstehenden Regeln betreten werden.

1. Generell

Der Aufenthalt in den belgischen Naturschutzgebieten ist nur in der Zeit ½ Stunde vor Sonnenaufgang bis ½ Stunde nach Sonnenuntergang gestattet.

Pflanzen und Tiere sind total geschützt. Hunde dürfen nicht mitgeführt werden, auch nicht an der Leine! Freies Zelten und Skilanglauf sind untersagt. Die Anschlagtafeln an den Zugängen zu den Naturschutzgebieten müssen unbedingt beachtet werden.

2. Schutzzonen

Je nach Schutzwürdigkeit gibt es in den Naturschutzgebieten die Schutzzonen A, B, C und D.

Zone A: Der Öffentlichkeit zugänglich.

Zone B: Der Öffentlichkeit auf bestimmten, ausgezeichneten Wegen und Plätzen zugänglich.
Verschiedene Wanderwege im Hohen Venn sind der Zone B zugeordnet, jedoch von den Verbotszonen C und D umgeben. Diese Wege dürfen keinesfalls verlassen werden.

Zone C: Für die Öffentlichkeit nur in Begleitung einer dazu befugten Person zugänglich.
Solche »Vennführer« werden vom Naturparkzentrum Botrange oder vom staatlichen Informationsbüro der Naturschutzgebiete in Signal de Botrange – Anschriften im Anhang – vermittelt.

Zone D: Für die Öffentlichkeit auf Dauer, vorübergehend oder regelmäßig nicht zugänglich.

Die jeweiligen Zonen sind in den amtlichen Wanderkarten deutlich eingetragen. Sie sind ferner auf den Anschlagtafeln an den Hauptzugangswegen zu den Naturschutzgebieten verzeichnet. Zudem können sie bei den Fremdenverkehrsstellen des Gebietes sowie bei den vorstehend für die Zone C genannten Stellen erfragt werden.

Dieser Wanderführer enthält dementsprechend keine Touren in den Zonen C und D!

3. Zeitweilige Sperrungen

Sie werden an den Hauptzugangswegen angezeigt.

Die Naturschutzgebiete werden insbesondere bei Brandgefahr gesperrt; dies wird durch gehißte rote Warnfahnen sichtbar gemacht. Brandgefahr besteht vor allem nach der Schneeschmelze, vor dem Sprießen der jungen Gräser (etwa Mitte März bis Ende Mai), darüber hinaus in Zeiten großer Trockenheit. Die Zugangsbedingungen können auch im voraus über einen automatischen Anrufbeantworter (aus Deutschland: 00 32-80-44 72 72) erfragt werden.

Alle Wanderer sind aufgerufen, diese Verhaltensregeln uneingeschränkt zu beachten und auf diese Weise die ökologisch hochsensible Landschaft des Hohen Venn zu schützen.

Wanderwege und ihre Markierungen

Deutsche Wanderwege

Die Wanderwege im deutschen Naturpark Nordeifel werden vom Eifelverein markiert. Soweit Städte und Gemeinden eigene Wanderwege kennzeichnen dürfen, müssen sie dies mit dem Eifelverein abstimmen.

Durch den Naturpark Nordeifel führen mehrere *Hauptwanderwege des Eifelvereins,* die sich entsprechend ihrem Verlauf in Nord-Süd-Wege und Ost-West-Wege gliedern.

– Die *Nord-Süd-Wege* sind stets mit einem »schwarzen Keil« (▶) auf weißem Grund markiert, wobei die Keilspitze in Südrichtung, also zum Endpunkt des ganzen Wanderweges zeigt.

– Die *Ost-West-Wege* sind stets mit einem »schwarzen Winkel« (<) auf weißem Grund markiert, wobei die Winkelspitze in Westrichtung, also zum Endpunkt des ganzen Wanderweges zeigt.

Als weitere *Hauptwanderwege* sind die *Jugendherbergs-Verbindungswege* zu nennen; sie werden gekennzeichnet durch ein ineinandergeschobenes JH: JH.

Regionale Wanderwege werden mit großen Buchstaben markiert, so beispielsweise der Zitterwaldweg (Z) oder der Grenzwanderweg Mooshaus – Ouren (G).

Örtliche Wanderwege werden überwiegend mit arabischen Ziffern (1, 2 ...), als Wanderparkplatz-Rundwege mit dem vorangestellten Zusatz A (A 1, A 2 ...) bezeichnet.

Belgische Wanderwege

Für die Hauptwanderwege im belgischen Naturpark Hohes Venn/Eifel ist das Comité National Belge des sentiers de Grande Randonnée (B.P. N° 10, B-4000 Lüttich 1) zuständig.

Die *Hauptwanderwege* werden mit je einem weißen und einem roten Querstreifen (Balken) markiert. *Doppelte* Querstreifen zeigen eine Richtungsänderung an, *gekreuzte* Querstreifen eine falsche Richtung.

Regionale und örtliche Wanderwege werden teilweise mit Nummern, Buchstaben oder Buchstaben und Nummern gleichzeitig, teilweise mit Symbolen (beispielsweise mit Pfählen, farbigen Punkten und Zeichen) und zumeist auch mit Richtungspfeilen markiert.

Da das Wandergebiet zur wallonischen Region gehört, mögen sich Wanderinteressenten, die nur der *deutschen* Sprache mächtig sind, *im Zweifel* an folgende Adressen wenden:
– Verkehrsamt der Ostkantone, Mühlenbachstraße 2, B-4780 St. Vith; Telefon aus Deutschland (00 32 80) 22 76 64, Fax (00 32 80) 22 65 39;
– Verkehrsverein Eupen, Marktplatz 7, B-4700 Eupen; Telefon aus Deutschland (00 32 87) 55 34 50.
Bei diesen Stellen gibt es auch Wanderkarten sowie Wanderliteratur in deutscher Sprache.

Wanderkarten

Für alle Wanderungen dieses Buches können die Karten *Deutsch-Belgischer Naturpark*, Nord- und Südteil, im Maßstab 1:50 000 benutzt werden.

Daneben stehen dem Wanderer zahlreiche spezielle Wanderkarten zur Verfügung.

Deutsche Wanderkarten

Für den deutschen Naturpark Nordeifel wird das numerierte Kartenwerk des Eifelvereins – überwiegend im Maßstab 1:25 000 – empfohlen. Außerdem können die topographischen Karten im Maßstab 1:50 000 der Landesvermessungsämter Nordrhein-Westfalen und Rheinland-Pfalz benutzt werden. Diese Karten, die über den Buchhandel oder beim Eifelverein

(Stürtzstraße 2–6, D-52349 Düren) erhältlich sind, werden bei
jeder Wanderung genannt.

Belgische Wanderkarten

Für den belgischen Naturpark Hohes Venn/Eifel werden topo
graphische Wanderkarten im Maßstab 1:25 000 herausgegeben,
die bei den zuständigen Fremdenverkehrsstellen erfragt werden
können.

Darüber hinaus erfassen die deutschen topographischen Kar-
ten der Landesvermessungsämter, nämlich L 5302 Aachen,
L 5502 Monschau, L 5702 Bleialf, L 5704 Prüm und L 5902
Neuerburg, auch die belgischen Gebiete des Naturparks.

1 Rennweg im Hürtgenwald – Laufenburger Wald – Meroder Wald

Verkehrsmöglichkeiten   Buslinie (AVV) Inden – Langerwehe –
Schevenhütte.
Parkmöglichkeiten   Wanderparkplätze Rennweg und Drei
Eichen, an der höchsten Stelle der Straße von Düren nach Stol-
berg-Schevenhütte.
Wegmarkierungen   Wechselnd; siehe Tourenbeschreibung.
Tourenlänge   9 Kilometer.
Wanderzeit   2½ Stunden.
Höhenunterschiede   Etwa 450 Meter. Leichte Wanderung.
Wanderkarte   1:25 000 Dürener Rur-Eifel (Nr. 2) oder Esch-
weiler/Stolberg (Nr. 1).
Anmerkung   Einkehr ist nur in der Laufenburg möglich.
Wissenswertes   Das Wandergebiet und weite Teile des Hürt-
genwaldes waren einst fränkischer Königsforst (forestis) und
gingen im 12. Jahrhundert auf die Pfalzgrafen als Landesherrn
über. 1209 belehnte Pfalzgraf Heinrich den Grafen von Jülich
mit der Grafschaft (comitatus) Molbach (Maubach) und dem
Nutzungsrecht des Waldes (ius nemoris); das Gebiet Schevenhütte blieb bei Jülich bis zur napoleonischen Zeit. – Franzosenkreuz, für einen 1679 ermordeten französischen Offizier errichtet. 1931 rekonstruiert. – Laufenburg (14. Jh.), ursprünglich
Wehrburg der Herzöge von Limburg. – Marienbildchen, Ehrenfriedhof in Erinnerung an die Schlacht im Hürtgenwald, 1944. –
Kreuzherrenkloster Schwarzenbroich (ca. 1340–1801), 1835
durch Brand endgültig zerstört.

Tourenbeschreibung Die Wanderung folgt bis zur Laufenburg der Markierung »schwarzer Keil« in Richtung der *stumpfen* Keilseite: Vom (oberen) *Parkplatz Rennweg* die Straße abwärts in den (unteren) *Parkplatz Drei Eichen;* an dessen Ende in den *Laufenburger Wald,* um die Linkskurve und 400 Meter geradeaus bis zu einem Wegetreff; dort (nicht scharf rechts in den Fahrweg, vielmehr) schräg rechts den Waldweg abwärts; das sumpfige *Rotenbruchtal* (2 km) hinab, auch am *Franzosenkreuz* vorbei; unten rechts abbiegen und die Zufahrt hoch zur *Laufenburg.* (¾ Stunde)

Von der Burg zurück, wird am Kastanienbaum der mit A 9 markierte Forstweg *Laufenburger Steingracht* in den *Erbsbusch* hochgewandert. Wenig hinter der höchsten Wegstelle (Schilderstock) nach rechts in den *Oberen Erbsweg* (A 5) abbiegen: Nach gut zehn Minuten (also am Ende dieser Richtung) links den *Marienweg* (A 5) im *Meroder Wald* ganz abwärts, das *Forellenbachtal* zur Rechten; unterhalb des *Ehrenfriedhofs Marienbildchen* am Waldrand mit Blick auf *Merode* nach rechts. (Wieder 1 Std.)

26

Nicht durch das Tor in den Ort gehen, vielmehr scharf rechts (anfangs A 8, 9) abbiegen und diesen *Karlsweg* 1,3 Kilometer stets geradeaus (!) durchgehen, auch über den *Rotsiefen* und bis vor den *Schwarzenbroicher Bach.* Von der dort erreichten Waldwegeabzweigung folgen wir nach rechts dem Hauptwanderweg 10a, Markierung »schwarzer Winkel«: Talaufwärts, bald am *Knosterberg;* von einer Herrgottsnische leicht links und der *Klosterruine Schwarzenbroich* entlang; am Ende der Gemäuer rechtwinkelig nach rechts, vor einer alten Eiche nach links den geraden Fahrweg hinauf.

An der höchsten Stelle haben wir wieder den vom Hinweg bekannten Wegetreff erreicht, und es geht scharf nach links mit der Markierung »schwarzer Keil« zurück zu den Parkplätzen.

2 Großhau – in den Hürtgenwald über der Wehebachtalsperre

Parkmöglichkeiten Wanderparkplatz Glockenofen.
Wegmarkierungen Wechselnd; siehe Tourenbeschreibung.
Tourenlänge 8 Kilometer.
Wanderzeit 2 Stunden.
Höhenunterschiede Etwa 280 Meter. Leichte Wanderung.
Wanderkarte 1:25000 Dürener Rur-Eifel (Nr. 2) oder Eschweiler/Stolberg (Nr. 1).
Anmerkung Eine vollständige Umrundung der Wehebachtalsperre ist im Kompass Radwanderführer Eifel beschrieben.
Naturpark-Information Friedensmuseum Hürtgenwald in Kleinhau, an der B 399: Dokumentation der Kämpfe im Hürtgenwald, Zweiter Weltkrieg.
Wissenswertes Wehebachtalsperre (25 Mio. m^3), Trinkwasser für den Aachen-Dürener Raum, am 11. 5. 1983 ihrer Bestimmung übergeben. Den stärksten Zufluß bildet der Weiße Wehebach, der bereits im 13. Jahrhundert als »wye« genannt wurde.

Tourenbeschreibung Am unteren Parkplatzende folgen wir Weg 3: Links den beschrankten Fahrweg neben dem *Frenkbachtal* hinab; nach etwa einer Viertelstunde aus einer Linksspitzkehre rechts abbiegen, ein Seitengewässer überschreiten und links herum ansteigen; oben im Laubwald nach rechts weitersteigen, nahezu gerade und stets in dieser Richtung, bis zum Querweg (Reitweg) auf dem *Eichberg;* in diesen nach links zu einem Fahrweg.

Weiter auf Weg 4: In diesen Fahrweg nach links und um den
Leyberg; an einem Rastplatz rechts abbiegen und hinab ins
Thönbachtal; vor der Schutzzone scharf rechts einbiegen und
über den *Thönbach,* dahinter nochmals scharf rechts und (zugleich Markierung »schwarzer Keil«) talaufwärts; später (Achtung!) zweimal die Bachseite wechseln und bis zum Eingang in
einen Spielplatz; daneben die Waldstraße aufwärts zum Parkplatz.

3 Simonskall – Kallbrück – Kalltalsperre

Parkmöglichkeiten In Simonskall oder Kallbrück. – Die Wanderung kann auch vom Wanderparkplatz Jägerhaus an der B 399 angetreten werden. Über die B 399 hinweg, am Forsthaus Jägerhaus vorbei abwärts, nach 700 Metern links in die Waldstraße (in der Kartenskizze gestrichelt).

Wegmarkierungen Wechselnd; siehe Tourenbeschreibung.

Tourenlänge 17 Kilometer.

Wanderzeit 3½ bis 4 Stunden.

Höhenunterschiede Insgesamt etwa 540 Meter. Anfangs 1½ Stunden talaufwärts. Nur der Abstieg nach Simonskall ist steil.

Wanderkarte 1 : 25 000 Monschauer Land – Rurseengebiet (3).

Abkürzung Vom Parkplatz Kallbrück starten und lediglich rund um die Kalltalsperre wandern (Rundweg A 3, 6 km, 1½ Stunden).

Anmerkung Rucksackwanderung.

Wissenswertes Der uralte, nicht gedeutete Name »Kall« ist vielleicht gleichen Ursprungs wie »Quelle«. Die Kall entquillt nahe Bahnhof Konzen dem Hohen Venn und mündet bei Zerkall in die Rur. Ihre wirtschaftliche Bedeutung als Wasserantrieb für Eisenwerke – etwa in der Hugenottensiedlung Simonskall – und Mühlen hat sie verloren. – Kalltalsperre (2,1 Mio. m^3), erbaut 1935, Erddamm mit Betonkern, mit Rurwasserzu-

Hürtgenwald mit Wehebachtalsperre   (Foto: Hubert Weber)

2 km

0.5

0

Steckenborn

von Düren

399

Simonskall

Kallbach

Klafterbach

Tiefen-
bach

Der Buhlert

Kallbrück

P Wanderparkplatz

Peterbach

Peterberg

nach Kevelaerberg

Vossenacker Wald

Schutzhütte

Schutzhütte

Simmerather Wald

Saarscherbach

Kallbach

Kalltalsperre

Rollesbroich

von Simmerath

Wanderparkplatz P

Jägerhaus

399

Kelzerbach

Lammersdorf

399

258 von Aachen

fuhr durch den Heinrich-Geis-Stollen (3,7 km) und Stollen zur Dreilägerbachtalsperre (6,2 km), im Trinkwasserversorgungssystem des Aachen-Stolberger Raumes.

Tourenbeschreibung Im oberen Ortsteil von *Simonskall* auf Weg 3 über die *Kall* und um das Gehöft hangaufwärts wandern. Beim Waldaustritt rechts abbiegen und nun dem Hauptwanderweg 10 (Markierung »schwarzer Winkel«) folgen: An dieser Hangseite des *Buhlert* und des *Kalltales,* später über *Klafterbach* und *Tiefenbach;* mit der Landstraße über die *Kall,* rechts durch den *Wanderparkplatz Kallbrück* und talaufwärts zur *Kalltalsperre.* (1¼ Stunde)

Über den *Staudamm* und nach links noch etwa 150 Meter bergauf, dann links auf Weg 4 ausbiegend der Talsperre entlang. An deren Ende den *Saarscherbach* überschreiten und auf Weg 1 das *Keltzerbachtal* (Bach bleibt links!) hinauf; dieser *Waldlehrpfad* knickt später rechts kräftig bergauf und erreicht im *Simmerather Wald* eine Schutzhütte und Waldstraße. Diese als Weg 2 und A 3 markierte Waldstraße nach rechts durchgehen bis zu ihrem Ende an der *Schutzhütte Kalltalsperre.* (Ab Kallbrücke 1¼ Std.).

Etwa 260 Meter bergauf, dann in den Fahrweg zur Rechten, der ganz abgewandert wird. Am Ende über die *Peterbachquellen* und auf der von links hinzustoßenden Waldstraße nach rechts. 150 Meter vor dem Waldaustritt (vor dem Tor) rechts abbiegen in den *Vossenacker Wald.* Vor den Weiden von *Kevelaerberg* in Weg 8, am Zaun aufwärts, dann rechts durch den Wald.

Die nächste Landstraße lediglich überqueren, auch den *Parkplatz Ochsenkopf* und auf Weg 9 über dem Steilhang weiter. Achtung nach etwa 1,4 Kilometern: An einer Bank weist uns Weg 3 in einen leicht übersehbaren Hangpfad, der steil hinab nach Simonskall zurückführt.

Um das Staubecken Obermaubach (Seerundweg und Höhenweg)

Verkehrsmöglichkeiten Rurtalbahn (Jülich) – Düren – Heimbach: Bahnhof Obermaubach, beim Höhenweg auch Zerkall.
Parkmöglichkeiten Parkplatz Mausauel (neben dem Bahnhof Obermaubach) oder Parkplatz Staudamm (an der Ortsseite).
Wegmarkierungen Wechselnd; siehe Tourenbeschreibung.
Tourenlänge Seerundweg 7 Kilometer, Höhenweg 15 Kilometer.

Wanderzeit Seerundweg 1½ Stunden, Höhenweg 4 Stunden.

Höhenunterschiede Seerundweg 150 Meter. Höhenweg etwa 950 Meter, eine Bergwanderung.

Wanderkarte 1:25 000 Dürener Rur-Eifel (Nr. 2).

Anmerkung Streckenweise felsige Bergpfade, deshalb Schuhe mit rutschfesten Profilsohlen anziehen! – Einkehrmöglichkeiten in Obermaubach, beim Höhenweg auch in Nideggen-Rath (Abstecher), in Zerkall und in Bergstein. – Vom Höhenweg, vor allem aber vom Krawutschketurm, bezaubernde Ausblicke.

Wissenswertes Staubecken Obermaubach (1,7 Mio. m^3), Gebrauchswasser-Ausgleichsbecken. Wassersport. – Zum Burgberg in Bergstein siehe die Anschlagtafel am Krawutschketurm.

Tourenbeschreibung Seerundweg Aus dem Ort *Obermaubach* über den Staudamm starten und auf Weg 3 und »Ku«: An der

32

Seeseite vor dem Bahnhof vorbei, wenig dahinter links auf den *Waldlehrpfad:* unterhalb des *Waldkinderspielplatzes* geradeaus; dem oberen Feldrand entlang, zuletzt aber wieder in den Wald und abwärts. Im *Rurtal* über die Bahn ins *Naturschutzgebiet,* über die *Grüne Brücke,* dahinter nach rechts und bald den Felswaldhang hoch.

Oben weiter auf Weg »K«: Waldstraße nach rechts; nach 10 Minuten in den Hangpfad nach rechts abweichen; eine Bachschlucht waldeinwärts überbrücken und erst bergauf, dann hinab nach Obermaubach. Am *Naturfreundehaus »Waldheim«* vorbei, durch »Bergsteiner Straße« und »Seestraße« zurück.

Tourenbeschreibung Höhenweg Aus dem Ort *Obermaubach* über den Staudamm und vor der Gaststätte (Bahnhof bleibt rechts) nach links über den *Parkplatz Mausauel,* den Fahrweg (1) in Kehren ansteigen. In den oben querenden Hauptwanderweg nach links und Weg 9 folgen: Aufwärts, aber nur bis hinter die deutliche Rechts-Links-Kurve, dort in den in Gegenrichtung ansteigenden Hangpfad; am *Engelsblick* die Schutzhütte links lassen, rechts über den Rastplatz und dahinter in den hangnächsten, unteren Weg; stets geradeaus bis zu einer quer ansteigenden Schneise, erst mit dieser links bergauf; in den zweiten (!) Querweg nach rechts und erneut steigen; oben links hinauf bis vor (!) eine Waldstraße.

Dort nach rechts in den Wanderweg 8: Die nächste Waldstraße 15 Meter abwärts, dann links in den Wanderpfad; unter dem *Gespaltenen Stein* vorbei; oben, an der Abzweigung, in einem Abstecher erst rechts zum *Aussichtsplatz Kuhkopf,* dann zur Abzweigung zurück und rechts herum zur Schutzhütte auf dem *Mausauel.* (1 Stunde)

An der Hütte vorbei, nehmen wir wieder Weg 9: Die Waldstraße nach links überqueren und in den Wanderweg; an der *Kickley* nicht nach links, vielmehr die Felsentritte geradeaus ganz (!) hinunter; zwei Spitzkehren tiefer und bis zu einer Waldstraßenkurve. Diese Straße etwa 150 Meter aufwärts, dann rechts in Weg 6: Auch am Waldrand rechts; von dem Freiplatz mit Bänken direkt den *Laacher Berg* hinab. Weg 6 biegt unten, vor dem Waldaustritt, nach links, während wir ganz abwärts gehen. Am unteren Waldrand nach links. Hinter *Hof Laach* rechts, über die Bahn und die *Rur* nach *Zerkall.* (Wieder 1 Std.)

Rechts den »Mühlenweg« ansteigen; nochmals rechts »Weingartsberg«, verlängert als Privatweg (Wanderwege 3 und 6) um den Hang. In den Querweg »K« nach links und wieder links die Feldflur hinauf. Vom Waldrand die Teerstraße hoch zum Parkplatz Burgberg in *Bergstein.* (Ab Zerkall ¾ Stunde)

Von hier sollte zunächst in einem Abstecher der *Krawutschke-turm* bestiegen werden, bevor – im Ort an der Kirche vorbei – dem Hauptwanderweg 5 (»schwarzer Keil«, in Richtung der *stumpfen* Kehrseite) gefolgt wird: Ab Ortsende in eine Feldstra-ße, dann weitläufig bergab und in *Obermaubach* wie bereits für den Seerundweg beschrieben.

 ## 5 Nideggen – Zerkall – Rurtal bis Abenden

Verkehrsmöglichkeiten Rurtalbahn (Jülich) – Düren – Heim-bach bis zu den Bahnhöfen Zerkall, Nideggen in Brück oder Abenden. Wer mit der Bahn anreist, muß die Wanderung dort beginnen; beschrieben wird sie ab Stadt Nideggen. – Busse von Düren und Monschau bis Brück und Stadt Nideggen.
Parkmöglichkeiten In Nideggen am Zülpicher Tor.
Wegmarkierungen Wechselnd; siehe Tourenbeschreibung.
Tourenlänge 12 bis 13,5 Kilometer, je nach Strecke zwischen Brück und Abenden.
Wanderzeit 3½ bis 4 Stunden.
Höhenunterschiede Insgesamt etwa 450 Meter. Steiler Auf-stieg im Kuhlenbusch, in der Abkürzung ab Schüdderfelder Weg.
Wanderkarte 1:25000 Dürener Rur-Eifel (Nr. 2). Auch der Stadtplan Nideggen genügt.
Abkürzung In Brück nicht über die Brücke, vielmehr an dieser Flußseite weiter auf dem geteerten »Schüdderfelder Weg« und an dessen höchster Stelle mit Weg 10 direkt bergauf, zurück zum Zülpicher Tor (8 km, 2 Stunden, in der Kartenskizze gestrichelt).
Anmerkung Feste, hohe Wanderschuhe mit guten Profilsohlen anziehen! – Einkehrmöglichkeiten in Nideggen (auch im Burg-bereich), in Zerkall (Abstecher), im Bahnhof Nideggen, in Brück, Hetzinger Hof und Abenden.
Naturpark-Information Burgenmuseum in der Burg; täglich (außer montags) geöffnet 10.00–17.00 Uhr, im Winter bei schlechtem Wetter geschlossen.
Wissenswertes Stadt Nideggen, viel besuchter klimatischer Kurort auf mächtigen Buntsandsteinfelsen. Gewaltige Burganla-ge erbaut ab 1177, mit Bergfried Jenseitsturm, dessen Verlies nur durch das Angstloch zugänglich war; 300 Jahre Stammsitz der Grafen und Herzöge von Jülich. Pfarrkirche aus dem 13. Jahrhundert; gotische Wandmalereien.

Tourenbeschreibung Vom Parkplatz am *Zülpicher Tor* wandern wir mit der »Zülpicher Straße« durch das Tor und biegen in die »Kirchgasse« ein, zur *Kirche* und *Burgruine*. Vom *Bergfried Jenseitsturm* entfaltet sich der Zauber dieses pittoresken Gebietes, und das *Burgenmuseum der Eifel* lockt zu einem Besuch.

Durch die »Kirchgasse« wieder zurück, beginnen wir unsere Wanderung die »Bahnhofstraße« in der schönen Altstadt abwärts. Unten über die Landstraße hinweg in den sich anfangs senkenden Wanderweg 5 und »schwarzer Keil«, bringt uns der *Felsenrundgang Jungholz* herrliche Ausblicke von den Buntsandsteintürmen. Am Ende sind wir auf einem Platz mit Freiblick über das Rurtal und Bänken; hier biegen wir links ein und steigen den *Laacher Berg* hinab bis zum unteren Waldrand. Nach links abwärts, aber nicht zum Bahnhof Zerkall einbiegen, vielmehr am Waldrand entlang (Weg S, K) bis zur *Rurbrücke* im Ortsteil *Brück.* (1¼ Stunden)

Weiter nach Abenden bieten sich zwei Wege an, nämlich (1) an dieser Flußseite auf dem kürzeren »Schüdderfelder Weg« bis zum Steilhang des *Kuhlenbusch* schon vor (!) Abenden, oder (2) wie folgt: Über die *Rur* nach *Brück* (Bahnhof liegt rechts); links mit der Straße Richtung Schmidt, noch über die Gleise, dann links abbiegend in den »Hetzinger Weg«; oberhalb Hotel *Hetzinger Hof* über den *Schlehbach,* aufwärts bis oberhalb *Forsthaus Hetzingen* und dort vor der Schutzhütte links einbiegen (Weg 3); in *Abenden* geradeaus durch den »Commweg«, am Bahnhof über Gleise und *Rur;* sogleich links schwenken, von der »Palanderstraße« in den »Berrefeldweg« wechseln und aus dem Ort. – Mit der Markierung »schwarzer Keil« (Obacht geben!) geht es in Kehren den *Kuhlenbusch* hinauf, unter den Felsen links herum, am Wasserbehälter vorbei und neben der Straße zurück nach Nideggen.

6 Um die Rurtalsperre Schwammenauel (Wanderstrecken nach Wahl, Abkürzungen durch Bootsfahrt)

Busverbindungen Zum Seehof Schwammenauel: Von Düren, Schleiden und Heimbach (Bahnanschluß). – Nach Rurberg: Von Aachen und Monschau über Simmerath.

Bootsverbindungen Rursee-Schiffahrt Schwammenauel; Anschrift: D-52396 Heimbach. Bootsverkehr vom 10. April (bzw. ab Ostern, wenn dieser Festtag früher liegt) bis Mitte Oktober, jeweils bis 18.00 Uhr. Anlegestellen: Seehof Schwammenauel, Halbinsel Eschauel, Woffelsbach, Rurberg-Ort und -Ende, ferner Kermeterufer (dort fahrplanmäßig nur etwa alle 2 Stunden, zusätzlich aber, wenn eine Wandergruppe wartet oder nach Voranmeldung für Gruppen).

Parkmöglichkeiten In Schwammenauel am Seehof oder an der anderen Seite des Staudammes (zwei Parkplätze). Ferner in Rurberg zwischen Freibad und Staudamm Paulushof.

Wegmarkierungen Rundweg 12; siehe Tourenbeschreibung.

Tourenlänge Vom Seehof bis Woffelsbach 12 Kilometer, bis Rurberg 15 Kilometer, bis Bootsanlegestelle Kermeterufer 19 Kilometer, ganze Umrundung 25 Kilometer.

Schmidt

Am Scheidbaum

nach
Heimbach

Eschauler
Berg

P

Boots-
anlegestelle

Whs.
Seehof
Anlegestelle

Stau damm

Stachelsberg

Bad

Halbinsel
Tonsberg

Hütte
Tonsberg

Rurtalsperre

von
Gemünd

Schilsberg

Jugendferienheim

Backesberg

Wildenhof

Schwammenauel

Hirschley

Schutzhütte
Ramsau

Woffels-
bach

Schutzhütte
Weidenauel

Der   Kermeter

Rurberg

Boots-
anlege-
stelle

Urft-
tal-
sperre

Anlegestelle
Rurberg-Ende

Obersee

Bad   Staudamm
Paulushof

von Aachen, Simmerath

nach Einruhr

0   0,5   2 km

37

Wanderzeit Woffelsbach 3 Stunden, Rurberg knapp 4 Stunden, Kermeterufer 5 Stunden, ganze Umrundung 6 Stunden.

Höhenunterschiede Insgesamt etwa 500 Meter. Keine steilen Wege.

Wanderkarte 1:25000 Dürener Rur-Eifel, Monschauer Land-Rurseengebiet oder Schleiden - Gemünd (Nrn. 2, 3 oder 4).

Verlängerung An der Ostseite des Staudammes Paulushof nach rechts bis zur Urfttalsperre (4 km) oder mit dem Schiff dorthin bzw. zurück. (Zutrittsverbote wie Tour 9 beachten!)

Anmerkung Letzte Einkehrmöglichkeit am Staudamm Paulushof.

Naturpark-Information Rurtalsperre Schwammenauel, größte Talsperre Deutschlands und auch im Deutsch-Belgischen Naturpark (205 Millionen m^3), Hoch- und Brauchwasserregulierung, aber auch Wassersport und Erholung; 1934–38 erbaut und 1956–59 aufgestockt; der Staudamm mißt jetzt 72×480 Meter. Zum Sperrsystem der Rurtalsperre – auch »Eifeler Seenplatte« genannt – gehören noch der Obersee (20,8 Millionen m^3), die Urfttalsperre (45,5 Millionen m^3, siehe Tour 10), das Staubecken Heimbach (1,47 Millionen m^3) sowie das Staubecken Obermaubach (1,65 Millionen m^3, siehe Tour 4). Hauptwasserlieferant ist die Rur, die neben der Botrange, Belgiens höchstem Punkt, dem Wallonischen Venn entquillt und ab Monschau durch den ebenfalls aus dem Hohen Venn kommenden Perlenbach verstärkt wird. Über die Urfttalsperre kommt die Urft hin-

Rurtalsperre Schwammenauel   (Foto: Hans Naumann)

zu, die im Dahlemer Wald bei Schmidtheim entspringt, ferner die Olef, die im belgischen Dreiherrenwald (nahe Miescheid) ihren Anfang hat.

Tourenbeschreibung   Unterhalb des Seehofs beginnt die Umrundung auf Wanderweg 12: Am Bootshafen vorbei; nach ¾ Stunde über die Parkplätze am *Eschaueler Berg*, ½ Stunde später am Ruderheim *Wildenhof* vorbei.

Nun mit der Markierung »schwarzer Keil«: Am *Jugendferienheim des Eifelvereins* vorbei nach *Woffelsbach* (wo der »Promenadenweg« zur Bootsanlegestelle führt), weiter nach *Rurberg* und dort an der Anlegestelle *Rurberg-Ende* vorbei; über den *Eiserbachsee (Freibaddamm)* und den *Staudamm Paulushof*.

Jenseits nach links auf Wanderweg 12 zurück: Erst Uferstraße, die bald ansteigt, jedoch von dieser Straße vor der ersten Steilkehre zur *Schutzhütte Weidenauel* ausbiegen; 10 Minuten später, an der *Schutzhütte Ramsau,* entweder links (Schild: Fähre Woffelsbach) zur Bootsanlegestelle Kermeterufer oder weiter auf Weg 12; ¼ Stunde später nicht versäumen, von der *Hütte Tonsberg* in einem Abstecher auf die *Halbinsel Tonsberg* (römische Befestigung, Seehofblick) zu steigen; zuletzt über den *Staudamm* zurück.

7 Zwischen Heimbach und Schmidt

Verkehrsmöglichkeiten   Rurtalbahn (Jülich) – Düren – Heimbach. – Buslinie (AVV) Düren – Schleiden nach Heimbach.
Parkmöglichkeiten   Heimbach: Gebührenpflichtiger Tagesparkplatz am Verkehrspavillon (Informationsbüro), Nähe Bahnhof. – Schmidt: Wanderparkplatz Schöne Aussicht.
Wegmarkierungen   Wechselnd; siehe Tourenbeschreibung.
Tourenlänge   14 Kilometer.   **Wanderzeit**   3½ Stunden.
Höhenunterschiede   Insgesamt etwa 550 Meter. Steiler Aufstieg an der Simonsley; sonst keine steilen Wege.
Wanderkarte   1:25000 Dürener Rur-Eifel (Nr. 2) oder Schleiden – Gemünd (Nr. 4).
Anmerkung   Rucksackverpflegung; möglichst Bergschuhe anziehen.
Naturpark-Information   Im Heimbacher Freizeitgelände »über Rur«: Jagdkundelehrpfad, Geologischer Lehrpfad und Naturkundelehrpfad; stets zugänglich. Wechselnde Ausstellungen im Haus des Gastes. – Abseits des Wanderweges in Schmidt: Wild-

freigehege, ganzjährig 9.00–17.00 Uhr geöffnet. – Im Kraftwerk Heimbach (unterhalb Hasenfeld) das RWE-Industriemuseum.

Wissenswertes Der malerische Luftkurort Heimbach, 673 n.Chr. erstmals als »Heimbecha« erwähnt, wird überragt von seiner Burg Hengebach, deren Edelherr Wilhelm 1207 Graf von Jülich wurde. Stadtrechte seit 1343, wieder verliehen 1959; Kirche (11. Jh.) mit Gnadenkapelle. – Staubecken Heimbach (1,47 Millionen m^3), Rückhaltebecken.

Tourenbeschreibung Vom Bahnhof *Heimbach* kommend überschreiten wir vor der Rurbrücke die Straße, gehen am Rand des Parkplatzes bis hinter den *Verkehrspavillon* und am Ufer der *Rur* dem Fluß entgegen. Über die nächste Fußgängerbrücke, an der anderen Flußseite durch den Parkplatz »über Rur« und in Richtung der Lehrpfade in den *Kurpark;* rechts zum *Haus des Gastes* ansteigen, dahinter wieder abwärts.

Von dem oberhalb der Staumauer erreichten Haus nach rechts, folgen wir Weg 1: Von der ansteigenden Kurve links abwärts und am Fuß des *Meuchelberges* dem *Stausee Heimbach* entlang, zuletzt in der Ortslage *Hasenfeld* durch das Sträßchen »Im Sangert«; vom *Ave-Maria-Denkmal* die »Kleestraße« aufwärts bis in die Kurve, vor Haus Nr. 60 jedoch nach links und oberhalb des Staubeckens durch den Hang; einen Wendeplatz überqueren, bergab und dem Ufer des Staubeckens entlang, auch noch an der *Grillhütte* (bleibt rechts) vorbei und bis über das Bachbrückchen an der Wiese vor dem *Kraftwerk.* (1¼ Std.)

Hier auf Weg 11 wechseln: Nach rechts die Stufen hinauf, rechts hangaufwärts und auch den Fahrweg hoch. Vor der »Brementhaler Straße« links abbiegen, bergauf und jetzt Weg 15 folgen: Oben Richtung Seehof über die L 15 und am Waldrand erst den Parkflächen entlang, 20 Schritte vor der Pkw-Einfahrt indes rechts den Fußweg hoch und stets in dieser Richtung durch den *Märchenwald;* wieder abwärts und – nun auch mit dem Wanderzeichen »schwarzer Winkel« – dem Ufer der *Rurtalsperre Schwammenauel* eine Viertelstunde folgen, dann in ein Seitental und in vielen Kehren die *Simonsley* hinauf, mehrfach von Fahrwegen in steilere Bergpfade wechselnd, bis zum *Aussichtsrastplatz Hubertushöhe* mit Schutzhütte; am Hang bleibend weiter zum nächsten Aussichtsrastplatz. Auf Weg 15 oberhalb zum *Wanderparkplatz Schöne Aussicht,* nahe der Ortschaft *Schmidt.* (Erneut ¾ Stunde)

Wir wenden uns nach rechts und ziehen auf Weg 1, 2 und 4 dem Waldrand entlang; im Waldwinkel links zur Landstraße (L 218), daneben dem Gelände des Schullandheims *Jugendstätte Rursee* folgen; am *Scheidbaum* über die Landstraße.

Hinter dem letzten Haus nach rechts, gehen wir nun wieder dem Weg 15 nach: Am Waldrand geradeaus (in Richtung der Überlandleitung); wo dieser Fahrweg sich teilt, rechts über die Feldhöhe bis vor *Neuenhof;* bereits vor der L 218 links in den Wirtschaftsweg, der wenig später von der Landstraße abkurvt; schon im folgenden Waldwinkel rechts in einen Waldpfad abbiegen; hinter der Überlandleitungsstrecke nach rechts und der breiten Trasse einer Ferngasleitung 10 Minuten folgen, auch über einen Querweg hinweg; sobald der Fahrweg mit Linkskurve ansteigen will, rechts abbiegen und den stillen Waldweg hinab; die L 218 nur bis in die Spitzkehre benutzen, dort links davon auf dem steilen Waldpfad absteigen; auf das erste Haus von *Hasenfeld* (Nr. 18) zu halten und diese Straße ganz durchgehen.

Über die nächste Querstraße hinweg und den »Aachener Weg« hinab; unten durch ein Tälchen, 50 Meter vor der Landstraße wieder links abbiegen und dieses Tal vollständig abwärts, bis zu den Sportstätten im Rurtal. Nach rechts mit der Talstraße zurück.

8 Heimbach – Abtei Mariawald – Staubecken Heimbach

Verkehrsmöglichkeiten Rurtalbahn (Jülich) – Düren – Heimbach. – Buslinie (AVV) Düren – Schleiden nach Heimbach. Busse von Schleiden, Düren und Heimbach nach Mariawald.
Parkmöglichkeiten Gebührenpflichtiger Tagesparkplatz am Verkehrspavillon, Nähe Bahnhof.
Wegmarkierungen Wechselnd; siehe Tourenbeschreibung.
Tourenlänge 11 Kilometer.
Wanderzeit 2½ Stunden.
Höhenunterschiede Etwa 500 Meter. Steiler Aufstieg zur Abtei (½ Stunde), steiler Abstieg im Herbstbachtal.
Wanderkarte 1:25000 Dürener Rur-Eifel (Nr. 2) oder Schleiden – Gemünd (Nr. 4).
Abkürzung Nur Rundweg 8 (Punktlinie, 6 km, 1½ Stunden).
Anmerkung Es müssen Schuhe mit guten Profilsohlen angezogen werden! Unterwegs mehrere Einkehrmöglichkeiten.
Wissenswertes Abtei Mariawald, 1486 von Zisterziensern gegründet, seit 1860 Trappistenkloster (schweigende Mönche).
Tourenbeschreibung Wir wandern auf den Uferwegen an der Stadtseite der *Rur* entgegen bis vor das Haus am Stauwehr des *Staubeckens Heimbach.* Von dort links auf Weg 8 das *Ruppental*

hoch, jenseits der Straße mit dem *Stationsweg* zum *Trappisten-kloster Mariawald.* (1 Stunde)

Weiter mit Weg 8: Den Parkplatz hinauf, am Waldrand rechts zum *Ehrenfriedhof;* vom oberen Ausgang rechts den Waldfahrt-weg hinab, im Quellgrund aber rechts abbiegend die Trittstufen und das *Herbstbachtal* (Bach bleibt rechts!) hinunter, bis – schon beträchtlich tiefer – dieser Weg 8 über den *Herbstbach* hinweg markiert ist. Hier links mit Weg 9 weiter, auch um das *Stein-bachtal* und bis *Schwammenauel.* (Wieder 1 Stunde)

Die Straße ein wenig hinab, zur Berghofeinfahrt abbiegen und der Markierung »schwarzer Winkel« folgen: Die Straße hinab in die *Rurauen;* am *Alten Kraftwerk* (heute *RWE-Industriemu-seum*) über das Staubecken Heimbach; vor dem *Ave-Maria-Denkmal* rechts »Im Sangert« und am Fuß des *Meuchelberges* dem Staubecken, anschließend der Rur entlang in die Stadt.

Kermeter – Urfttalsperre – Obersee – Rurtalsperre Schwammenauel; 3 Rückwege über den Waldlehrpfad Kermeter

Parkmöglichkeiten Parkplatz Kermeter-Paulushof, an der scharfen Kurve der Landstraße Schwammenauel – Gemünd auf der Kermeterhöhe.

Wegmarkierungen Siehe Tourenbeschreibung.

Tourenlänge 12 bis 15 Kilometer, je nach Rückweg, Abkürzungen nachstehend.

Wanderzeit 3½ bis 4 Stunden.

Höhenunterschiede Insgesamt etwa 400 Meter. Kurze Steilstrecken hinab zur Urfttalsperre. Von den Rückwegen hat nur der kürzeste einen steilen Anstieg, nämlich am Honigberg.

Wanderkarte 1:25000 Dürener Rur-Eifel (Nr. 2) oder Monschauer Land-Rurseengebiet (Nr. 3) oder Schleiden – Gemünd (Nr. 4).

Abkürzungen Vom Fuß der Urftstaumauer bis zum Staudamm Paulushof mit dem Boot fahren; ¾ Wanderstunde weniger. – Nur den Waldlehrpfad abwandern; 5 Kilometer, 1½ Stunden.

Anmerkung Rutschfeste Wanderschuhe mit guten Profilsohlen anziehen! – Einkehrmöglichkeit an der Urftstaumauer. – Die Wanderung zur Urftstaumauer führt durch das Sicherungsgebiet des Truppenübungsplatzes Vogelsang, das nur samstags 13.00–22.00 Uhr, sonn- und feiertags 5.00–22.00 Uhr zugänglich ist.

Naturpark-Information Waldlehrpfad Kermeter (4,4 km), einer der anschaulichsten und der landschaftlich wohl reizvollste der Eifel; stets zugänglich.

Wissenswertes Hinsichtlich der Talsperren wird auf die Tour 6 verwiesen. – Der Kermeter ist ein niederschlagsarmes, 13 Kilometer langes Waldgebirge. Über ihn führte einst die Römerstraße Köln – Reims. Später fränkisches Königsgut. Jagdrevier Karls des Großen. Heute je zur Hälfte mit Laub- und Nadelwald bedeckt.

Tourenbeschreibung In der abfallenden Hälfte des Parkplatzes folgen wir dem Schild zum Urftsee (Weg A 3) in den Wald: Der Weg senkt sich bald als steile Schneise; die erreichte Forststraße hinunter bis in eine enge Linkskehre. Hier rechts ausbiegen und den Wanderpfad A 4 hinab zur *Urftstaumauer*. (½ Stunde)

Wer nicht zur Abkürzung das Schiff nehmen will, wandert nun auf Weg A 3 (20) abwärts und dem Ufer des *Obersees* entlang zum *Staudamm Paulushof.* (Wieder ¾ Stunde)

Ab dem Rastplatz noch vor dem *Staudamm*, oberhalb der *Bootsanlegestelle*, bieten sich drei Rückwege an:

(1) Sofort den Hang ansteigen und dem »schwarzen Keil« folgen: Steil hoch auf den *Honigberg;* oben links mit einer Waldstraße zum *Rastplatz Paulushof;* geradeaus weiter über den *Waldlehrpfad Kermeter* zur *Hirschley,* einem der schönsten Aussichtspunkte über dem Rursee; mit der nächsten Forststraße auf dem *Waldlehrpfad* ansteigend zum *Grauwackefindling* und zur *Schutzhütte am Schwarzen Kreuz,* dann auf dem breiten Höhenweg zurück zum Parkplatz.

(2) An dieser Staudammseite auf dem geteerten Weg 12 oberhalb der *Rurtalsperre Schwammenauel* entlang und diese Straße beibehaltend bald in Kehren bergauf. Ab dem *Rastplatz Paulushof* geradeaus – oder, wie (1) vorstehend, links – über den *Waldlehrpfad* zurück.

(3) Ebenfalls – wie (2) – an dieser Staudammseite oberhalb der *Rurtalsperre* entlang, aber nur bis unmittelbar vor die erste Spitzkehre dieser Waldstraße. Dort nach links auf Weg 12 und A 2 ausbiegen, an der *Schutzhütte Weidenauel* vorbei um den *Weidenauer Berg;* an der nächsten Abzweigung von Weg 12 abweichend rechts den Forstfahrweg A 2, hinauf, der unterhalb der *Hirschley* in Serpentinen ansteigt und später zum *Waldlehrpfad* wird.

10 Einruhr – Obersee – Urfttalsperre (Ufer- und Höhenweg)

Busverbindungen   Von Simmerath sowie von Gemünd – Schleiden – Hellenthal.

Bootsverbindungen   Boote der Rursee-Schiffahrt Schwammenauel, D-52396 Heimbach. Anlegestellen: Einruhr, Staudamm Paulushof und Staumauer der Urfttalsperre.

Parkmöglichkeiten   An der Seebrücke.

Tourenlänge   Uferweg 8 Kilometer, Höhenweg 10 Kilometer. In beiden Fällen ist die *einfache* Strecke bis zur Urfttalsperre gemessen, also Rückkehr ab dort mit dem Schiff vorgesehen.

Wanderzeit   Uferweg 2 Stunden, Höhenweg 3 Stunden. Dazu Bootsfahrzeit von etwa 1 Stunde rechnen.

Höhenunterschiede   Uferweg insgesamt etwa 100 Meter. Höhenweg insgesamt etwa 380 Meter; kräftiger Aufstieg bis über Schöne Aussicht, am besten zu meistern mit Bergschuhen.

Wanderkarte   1:25000 Monschauer Land-Rurseengebiet (Nr. 3) oder Schleiden – Gemünd (Nr. 4).

Variante   Nur Rundwanderung am Obersee: Von Einruhr-Pleushütte auf dem Höhenweg nach Paulushof und auf dem Uferweg zurück (9 km, etwa 2½ Stunden).

Anmerkung   Die Wanderung führt wenig hinter dem Staudamm Paulushof in das Sicherungsgebiet des Truppenübungsplatzes Vogelsang; Sperrzeiten siehe Tour 9. – Einkehr ist möglich am Staudamm Paulushof und an der Urfttalsperre.

Wissenswertes   Zum Obersee und zur Rurtalsperre Schwammenauel siehe Tour 6. – Die Urfttalsperre war (1904) die erste Talsperre der deutschen Eifeler Seenplatte und damals die größte Talsperre Europas. (Die erste Talsperre Europas überhaupt war die 1878 vollendete Gileppe-Talsperre; siehe Tour 27!) Die Schwergewichtsmauer aus Eifeler Grauwacke, 55×256 Meter, staut 45,5 Millionen m^3 Trinkwasser-Brauchwasser-Hochwasser; Stromerzeugung im Kraftwerk Heimbach, am Ende eines 3 Kilometer langen Stollens mit 110 Metern Gefälle. – Einruhr hieß bis Mitte des 17. Jahrhunderts – nach seiner zur Pfarre Wollseifen gehörenden Nikolauskapelle – »Niclasbrück«. Im Ortsteil Pleushütte stand über 300 Jahre lang eine Eisenhütte.

Tourenbeschreibung   *1. Uferweg:* An der westlichen Brückenseite, im Ortsteil *Pleushütte,* folgen wir dem Schild »Rurberg« und dem Wanderzeichen »schwarzer Winkel« auf dem Uferweg des *Obersees* zum *Staudamm Paulushof.*

2. Höhenweg: Auch er beginnt in *Pleushütte,* aber an der Hotelseite mit Wanderweg 6: Schon hinter der Gaststätte vom

Obersee-Ufer abweichend den *Hüttenberg* hinauf; oben nach links um die Kehre der B 266, dann links einbiegend weiter steigen. Nahezu auf der Höhe, in den querenden Hauptwanderweg 11 (Markierung »schwarzer Winkel«, zugleich weiterhin Weg 6) nach rechts einbiegen, oberhalb *Schöne Aussicht* links versetzt über die B 266, noch einmal etwas steigen, dann im Wald abwärts und zum *Staudamm Paulushof*. – Den *Staudamm* überschreiten, nach rechts weiter am *Obersee* entlang und nach etwa einer Stunde auf die gewaltige *Staumauer der Urfttalsperre*. – An ihrem Fuß starten die Boote zum Staudamm Paulushof und weiter nach Einruhr.

11 **Stolberg: Breinigerberg-Waldschänke –
Münsterwald –
Naturlehrpfad Roggenläger**

Verkehrsmöglichkeiten Busse (AVV) bis »Waldschenke«.
Parkmöglichkeiten Wanderparkplatz Waldschänke. – Die
Wanderung kann auch am Wanderparkplatz Roggenläger (Stra-
ße Breinig – Zweifall) angetreten werden.
Wegmarkierungen Wechselnd; siehe Tourenbeschreibung.
Tourenlänge 7 Kilometer. **Wanderzeit** Knapp 2 Stunden.
Höhenunterschiede Etwa 120 Meter. Leichte Wanderung.
Wanderkarte 1:25000 Eschweiler/Stolberg (Nr. 1).
Naturpark-Information *Naturschutzgebiet Schlangenberg* mit
seltener Flora, entstanden aus der Bergwerkstätigkeit um Breinigerberg. Dazu das hochinteressante Informationszentrum in
der Alten Schule in Breinigerberg; Schriften, Dauer- und Wech-
selausstellungen. – *Naturlehrpfad Roggenläger,* eine außerge-
wöhnlich lehrreiche Darbietung rund um das Thema »Wald«.
Wissenswertes *Münsterwald,* über 980 Jahre lang zum weltli-
chen Bereich der freien Reichsabtei Konelimünster gehörend,
nach der Säkularisation (1802) ab 1842 auf die neu entstandenen
Gemeinden aufgeteilt.

Einruhr und der Obersee   (Foto: Gemeinde Simmerath)

Tourenbeschreibung   Oberhalb des Parkplatzes auf Weg A 5 (Trimm-Parcours) in den *Münsterwald:* An der ersten Abzweigung (Station 1) rechts, an Station 2 nochmals rechts, an Station 3 links abbiegen und geradeaus bis neben das *Naturschutzgebiet Schlangenberg* (Abstecher ins Naturschutzgebiet möglich). In bisheriger Richtung auf Weg A 3 weiter, zuletzt über eine breite Schneise hinweg zum Hauptforstfahrweg. Diesen (bereits *Naturlehrpfad*) aufwärts bis zur *Martinshütte* auf der Höhe *Hedchensknepp.* (½ Stunde)

In Weg A 1 wechseln: Scharf rechts abwärts, nächster Querweg links; hinter der Station »Gefahr für den Wald« links abbiegen und ein wenig ansteigen. An der erreichten Wegeverzweigung (Bank) rechts herum und bis zur *Roteiche* (rechts der Zugang vom *Wanderparkplatz Roggenläger!).* An dieser *Roteiche* nach links abbiegen (von Roggenläger kommend also hier geradeaus) und wieder zum Hauptforstfahrweg.

Auf diesem 50 Meter nach rechts, dann links in den Weg A 2/ A 3: Geradeaus bis vor den Steilhang ins Vichttal, erst dort nach links; hinter einem Brückchen über einen Querpfad hinweg und im Laubwald neben den Fichten wandern.

Am nächsten Fahrwegetreff erneut auf den *Naturlehrpfad:* In bisheriger Richtung in den oberen, schnurgeraden Fahrweg A 3; vor der Bank »Rast und Ruhe« rechts abbiegen und durchgehen.

Wenig hinter der Station »Wer im Wald raucht . . .« links herum auf Weg A 6 wechseln, zum nahen Hauptforstfahrweg, der nach rechts zurück zum Parkplatz führt.

12 Stolberg: Waldlehrpfad am Forsthaus Zweifall

Verkehrsmöglichkeiten Buslinie (AVV) Eschweiler – Stolberg – Endhaltestelle »Solchbachtal«, am Forsthaus Zweifall.

Parkmöglichkeiten Wanderparkplatz Forsthaus Zweifall (an der »Jägerhausstraße«, gegenüber dem Sägewerk).

Wegmarkierungen Der Waldlehrpfad ist beschildert.

Tourenlänge 4,3 Kilometer.

Wanderzeit 1 Stunde (reine Gehzeit).

Höhenunterschiede 100 Meter. Leichte Wanderung.

Wanderkarte 1:25 000 Eschweiler/Stolberg (Nr. 1) oder Monschauer Land – Rurseengebiet (Nr. 3).

Naturpark-Information Waldlehrpfad, frei zugänglich, mit Darstellung der heimischen Pflanzen- und Vogelwelt sowie geologischer Erkenntnisse in besonders anschaulicher Weise. Weltweites Aufsehen erregte der Fund von Vorläufern der Fischschuppen (»Panzerfisch«, Devon, vor 400 Millionen Jahren). Auskunft, Prospekt sowie Führungen auf Anfrage bei der Arbeitsgemeinschaft Waldlehrpfad Zweifall, Tannenbergstraße 4, D-52224 Stolberg-Zweifall.

Tourenbeschreibung Am oberen Ende des Parkplatzes überschreiten wir den *Gieschbach* zum *Forsthaus Zweifall,* wenden uns nach links und gehen im Uhrzeigersinn über den *Waldlehrpfad,* um den *Paternosterberg* und durch das *Krebsbachtal* zurück.

13 Stolberg: Venwegen – Mulartshütte, durch den Münsterwald

Parkmöglichkeiten Wanderparkplatz Venwegen, auf der Höhe des Münsterwaldes zwischen Venwegen und Mulartshütte.

Wegmarkierungen Wechselnd; siehe Tourenbeschreibung.

Tourenlänge 11 Kilometer. Abkürzungen beachten.

Wanderzeit 2½ Stunden.

Höhenunterschiede Etwa 250 Meter. Leichte Wanderung.

Wanderkarte 1 : 25 000 Eschweiler/Stolberg (Nr. 1).

Abkürzungen Nur den östlichen Teil oder nur den westlichen Teil wandern (je 6 km, 1½ Stunden).

Anmerkung Einkehrmöglichkeit nur im Gasthaus Birkenhof.

Wissenswertes Venwegen, zumindest seit der Frankenzeit besiedelt, 1303 mit dem Namen eines Franco von Venweghe (genannt Hoistade) zuerst beurkundet. – Vichttal, wohl schon zur Urzeit besiedelt, später von einer Römerstraße durchzogen, früher bedeutend durch die Eisenindustrie: Die wichtigsten Eisenhämmer betrieb in Junkershammer die aus Limburg stammende Familie Hoesch. Der Ort Mulartshütte wird 1504 erstmals als Eisenhütte erwähnt.

Tourenbeschreibung Wir wandern über den Parkplatz in den *Münsterwald* und biegen hinter dem Fußballplatz nach *Venwegen* ab. Unterhalb des Altersheims *Haus Maria im Venn* nach rechts in den »Rainweg« und damit auf Rundweg A 3: Mit Blick über das *Münsterländchen* am Waldrand entlang; kurz bevor dieser Weg in die Wiesen hinabschwenkt, rechts im Wald ansteigen; an der Schutzhütte über die querende Waldstraße hinweg und geradeaus durch eine Quellsenke; nach leichtem Anstieg rechts abbiegen und weitläufig stets geradeaus; hinter einem Rinnsal 50 Schritte bis auf die Waldhöhe steigen, dort scharf links und abwärts; zuletzt links um den *Schiefersteinbruch* ins *Vichttal;* nach rechts durch das Steinbruchgelände und das Vichttal zur Landstraße bei *Mulartshütte.* (1¼ Stunde)

(Abkürzung: Unmittelbar vor dieser Straße nach rechts auf Weg A 3 bergauf, direkt zurück zum Parkplatz.)

    Die Landstraße nach unterhalb überqueren und dem Zeichen »schwarzer Winkel« folgen: Erst noch im Vichttal, 5 Minuten später jedoch rechts einen Steilpfad hinauf und bald den Wiesen des Birkenhofes entlang zur Waldstraße *Sinziger Schneise*. (Auch von hier kann abkürzend nach rechts zurückgegangen werden.)

    Auf der *Sinziger Schneise* 35 Meter nach links, dann mit dem Hauptwanderweg (»schwarzer Keil« und »schwarzer Winkel«) rechts einbiegen und abwärts bis zum Querweg am Waldrand. Hier wenden wir uns links in den Weg A 3, und zwar in die am Waldrand verlaufende Strecke, die bald durch ein Waldstück zieht und hinter der Quellsenke des *Dreusief* – wieder mit Weitblick über das *Münsterländchen* – *Kitzenhaus* erreicht. Dort nach links aufwärts zur *Schutzhütte Sinziger Schneise*. Vor der

Hütte erneut links und auf der mit A 3 sowie als Radwanderweg markierten *Sinziger Schneise* durch den *Münsterwald* zurück zum *Birkenhof* und Parkplatz.

14 Aachen: Relais Königsberg – Münsterwald – Wasserlehrpfad am Filterwerk der Dreilägerbachtalsperre

Verkehrsmöglichkeiten   Busse (AVV) von Aachen, Roetgen, Monschau und Simmerath.
Parkmöglichkeiten   Gegenüber Hotel Relais Königsberg.
Wegmarkierungen   Teilweise; siehe Tourenbeschreibung.
Tourenlänge   13 Kilometer.
Wanderzeit   3 Stunden.
Höhenunterschiede   Etwa 350 Meter. Keine steilen Wege.
Wanderkarte   1:25000 Monschauer Land – Rurseengebiet (Nr. 3).
Anmerkung   Einkehrmöglichkeiten in Relais Königsberg und in Münsterbildchen (Café-Restaurant »Zur Himmelsleiter«).
Naturpark-Information   Naturschutzgebiete Oberlauf der Inde und Prälatensief im Münsterwald. – Wasserlehrpfad am Filterwerk der Dreilägerbachtalsperre auf dem Gelände der Trinkwasseraufbereitungsanlage in D-52159 Roetgen, an der Straße

Grenzstein »BEIRBVM« im Münstervenn, genannt »Vennhorn«

(Foto: Hans Naumann)

nach Rott. Begleittexte erhältlich. Besichtigungen in Gruppen, Video- und Dia-Vorführungen nach Voranmeldung möglich.

Wissenswertes Zum Münsterwald siehe Tour 11. Der Name Vennhorn stammt von dem auf dem Grenzstein »Beirbum« (= Birnbaum) eingemeißelten Hoheitszeichen der ehemaligen Reichsabtei Kornelimünster, dem Horn des heiligen Cornelius (Cornelyhorn). – Zur Trinkwassergewinnung siehe Tour 16.

Tourenbeschreibung Oberhalb des Hotels Relais Königsberg starten wir über den Privatparkplatz auf Weg A 5 in den *Münsterwald:* Abwärts, über den *Fobisbach (Naturschutzgebiet),* wenig dahinter rechts ausbiegen und am Wiesenrand zur *Schutzhütte Köllung* am *Küllweg.*

Diesen *Küllweg* (Waldfahrweg) aufwärts und durchgehen, auch über die (auf ihrer ganzen Länge belgische) *Vennbahn.* Oben auf dem querverlaufenden *Vennhornweg* nach rechts, kann bis zum *Grenzstein 895* – neben dem *Stein BEIRBUM,* dem sogenannten *Vennhorn* – gegangen werden. (1 Stunde)

Von dort auf dem Hinweg in Gegenrichtung um die Waldecke zurück und diesen *Vennhornweg* nunmehr durchgehen zur *Himmelsleiter* (B 258), die vorsichtig überquert wird. An ihrem Ostrand aufwärts nach *Münsterbildchen;* zum Café »Zur Himmelsleiter« einbiegen und den *Stocklägerweg* (mit A 3 markierte alte Straße Roetgen – Aachen) abwärts, auch noch über die *Vennbahn* und bis zur Abzweigung vor der schon sichtbaren *Grölisbachbrücke.* Dort nach links in die *Mayvennchesgasse* – also in den mit »NW« markierten *Nordwanderweg Roetgen – Mulartshütte* – wechseln und zum *Filterwerk der Dreilägerbachtalsperre.* (Wieder 1 Stunde)

Den *Wasserlehrpfad* finden wir rechts tieferliegend; die Wanderung setzt sich indes bereits oberhalb der Gebäude nach links auf dem vorgenannten, mit »NW« gekennzeichneten Nordwanderweg fort: Am Waldrand oberhalb der Sinkbecken vorbei; am Zaunende rechts abwärts als Vicht-Uferweg. Wenig später auf der *Schwaze-Wooch-Brücke* die Bachseite wechseln und nur noch Weg A 1 folgen, bis zur Straße unterhalb Rott. Mit der Straßenbrücke über den *Vichtbach* und nach *Rotterdell* aufsteigen. Rechts in den Wanderweg A 4 abbiegen: An der nächsten Gabelung links aufwärts zur *Schutzhütte Sinziger Schneise;* nach links und durchgehen zum Parkplatz gegenüber Relais Königsberg.

15 Roetgen – Dreilägerbach – Naturschutzgebiet Wollerscheider Venn; Verbindung von Simmerath-Lammersdorf

Parkmöglichkeiten Wanderparkplatz Schleebachbrücke.
Wegmarkierungen Hin- und Rückweg überwiegend A 3; am Dreilägerbach »schwarzer Keil« (Haupwanderweg 6).
Tourenlänge 12 Kilometer. **Wanderzeit** Etwa 3½ Stunden.
Höhenunterschiede Insgesamt etwa 400 Meter. Gedehnter Aufstieg neben dem Dreilägerbach (1 Stunde).
Wanderkarte 1:25000 Monschauer Land – Rurseengebiet (3).
Verbindung ab Lammersdorf Mit der Landstraße Richtung Roetgen vor dem Wollerscheider Venn vorbei; hinter dem

Knick der Landstraße in den ersten Forstfahrweg nach rechts. – Bei der Rückkehr kann die Markierung »schwarzer Keil« durch die geteerte »Wollerschejder Jaas« (Blick auf den Richtfunkturm der Deutschen Bundespost) beibehalten werden. – Die Verbindung ist in der Kartenskizze gestrichelt.

Anmerkung   Rucksackwanderung. Normale Wanderschuhe.

Naturpark-Information   Naturlehrpfad am Schleebachgraben. – Wollerscheider Venn, Quellvenn des Dreilägerbaches; die verbliebenen Vennreste sind dank der Bemühungen des Vennforschers und Botanikers Prof. Schwickerath unter Naturschutz gestellt worden; einziges Venn-Naturschutzgebiet, das mit seiner ganzen Fläche auf deutschem Boden liegt. – Naturkundliche Bildungsstätte Nordeifel mit Pflanzen- und Tiersammlung in der Grundschule Lammersdorf. Bauernmuseum in Lammersdorf, Bahnhofstraße. – Auskunft, auch zu den nachstehenden Wanderungen: Verkehrsverein Monschauer Land – Rurseengebiet, D-52152 Simmerath.

Wissenswertes   *Roetgen,* als Rodungssiedlung im Gebiet einer einstigen Kupferstraße entstanden, große Streusiedlung und Gemeinde am Hohen Venn.

Tourenbeschreibung   Vom Wanderparkplatz nehmen wir Weg A 3: An den als *Naturlehrpfad* beschilderten *Schleebachgraben,* dessen unterer Grabenrand in Fließrichtung vollständig (3,2 km) abgewandert wird; am Ende über den *Dreilägerbach,* nach rechts und bergauf zu dem mit einem »schwarzen Keil« markierten Hauptwanderweg.

Diesem Zeichen folgen wir nun bis vor die Lammersdorfer Wiesen: Im Hang über dem Dreilägerbach talaufwärts; auf dem *H.-Talkenberg-Steg* über ein Nebengewässer, dahinter vom Dreilägerbach abweichend ansteigen, bald unter einer Stromleitungsstrecke hindurch; am nächsten Fahrwegtreff rechts den *Hüttenweg* hinauf; oben *Roter Weg* nach rechts 400 Meter; links den lang-geraden *Grenzweg* hinauf bis zur Rechtskurve oberhalb der *Vennbahn;* dort – vom Fahrweg A 3 abweichend – geradeaus (!) weiter ansteigen, bald wieder auf festem Weg und bis zum Waldaustritt am *Eisenkreuz der Sankt-Mathias-Bruderschaft Aachen-Forst,* vor dem Teerweg »Wollerschejder Jaas«.

Weiter geht es ohne Markierung: Vor den Wiesen in den Fahrweg rechts einbiegen, über Quellgänge des Dreilägerbachs. In den nächsten befestigten Waldweg nach links und aufwärts bis zur Rechtskurve, von der aus in das leuchtende *Wollerscheider Venn* geschaut werden kann. (2 Stunden)

Mit dieser Rechtskurve entfernen wir uns vom Venn. In den nächsten Waldfahrweg rechts und nach wenigen Schritten rechts den kerzengeraden *Grenzweg* hinab bis vor die *Schutzhütte Am Butterstrauch*. Von hier nach links, folgen wir wieder dem Zeichen A 3: Den *Birkhahnweg* in ganzer Länge (2,6 km) abwandern, am *Stern* mit Rechtskurve, vom *Birkhahnskopf* kräftiger bergab und über die *Vennbahn*. Vor dem *Rackeschweg* nach links *Roter Weg* abwärts zum Parkplatz.

16 Dreilägerbachtalsperre und ihr Wassereinzugsgebiet

Parkmöglichkeiten   Wanderparkplatz Vorbecken, an der Kreisstraße nördlich der Dreilägerbachtalsperre und Roetgen.
Wegmarkierungen   Wechselnd; siehe Tourenbeschreibung.
Tourenlänge   9 Kilometer.
Wanderzeit   2 Stunden.
Höhenunterschiede   Etwa 300 Meter. Leichte Wanderung.
Wanderkarte   1:25000 Monschauer Land – Rurseengebiet (Nr. 3).
Wissenswertes   Die Dreilägerbachtalsperre, erbaut 1909 bis 1911, kann 4,28 Millionen m^3 Trinkwasser speichern. Sie wird aus einem Zuflußverbund von über 45 Kilometern Länge gespeist. Neben dem im Wollerscheider Venn entspringenden Dreilägerbach erhält sie ihr Wasser durch den Kallstollen (6,2 km) aus der Kalltalsperre (aus Kallbach, Keltzerbach sowie mittels der Rurüberleitung vom Pumpwerk Rurberg am Obersee aus Rur, Urft und Olef), ferner aus den künstlich aufgeworfenen Hanggräben: Schleebachhanggraben (3,2 km) und Hasselbachhanggraben (7,9 km).
Tourenbeschreibung   Vom Parkplatz folgen wir Weg A 2: Mit der Kreisstraße über den *Hasselbachhanggraben,* dahinter nach rechts den Weg abwärts, über den *Kallstollenauslauf* zum *Vorbecken,* das den *Dreilägerbach* auffängt; hinter dem Überlaufwehr noch um die Linkskurve, dann rechts bergauf bis zum *Schleebachhanggraben;* auf dem unteren Grabenrand mit dem Wasserlauf (also nach links) zum *Dreilägerbach;* hinter dessen Brücke nach rechts und ansteigen.

Auf dem erreichten Hauptwanderweg dem »schwarzen Keil« (auch Weg A 3) folgen: Über dem *Dreilägerbach* talaufwärts; auf dem *H.-Talkenberg-Steg* über ein Nebengewässer, dahinter vom *Dreilägerbach* abweichend ansteigen, bald unter einer Stromleitungsstrecke hindurch, am nächsten Fahrwegetreff rechts den *Hüttenweg* hinauf. (1 Stunde)

Oben nach links *Roter Weg* hinauf zur *Hahner Straße.* Diese 50 Meter abwärts, dann rechts einbiegend im *Lammersdorfer Wald* gerade ansteigen. In den nächsten Querweg nach links, mit dem Radwanderschild erst gerade abwärts, unten in eine Schlängelkurve – hinter der zur Rechten der *Entlüftungsschacht Finkenbur* des *Kallstollens* sichtbar wird –, und weiter geradeaus (nicht nach links) abwärts zu einer Waldstraße. In diese nach rechts, aber nach 150 Metern in die nächste, querverlaufende Schneise nach links abwärts wechseln, deren Wanderpfad – mit weitem Landblick – unten, neben der Brücke über den jungen *Hasselbach,* wieder auf eine Waldstraße stößt.

Diese Straße nehmen wir 10 Minuten nach links. Dann sehen wir, daß hangabwärts ein Waldweg abzweigt; 40 Meter weiter quert der mit einem »schwarzen Keil« markierte Hauptwanderweg, und wir nehmen diesen abwärts zum *Hasselbachhanggraben,* den wir aber lediglich noch überbrücken. Wir folgen dem unteren, aufgeschütteten Grabenrand in Fließrichtung (also nach links), auch jenseits der *Hahner Straße* und zurück zum Parkplatz.

Roetgen oder Petergensfeld – Ruinen der Reinartzhöfe – Wesertal

Verkehrsmöglichkeiten Busse (AVV) von Aachen, Stolberg und Monschau bis Haltestelle Roetgen/Bahnhof.

Parkmöglichkeiten In der Mühlenstraße (an der Bushaltestelle abzweigend), vor oder hinter der Weserbrücke. – In Petergensfeld am Treff der Straßen »Spanisch« und »Weserbergstraße«.

Tourenlänge 15 Kilometer

Wanderzeit 3½ Stunden.

Höhenunterschiede Etwa 350 Meter. Keine steilen Wege.

Wanderkarte 1:25000 EUREGIO (Nr. 01).

Anmerkung Rucksackwanderung. Nässefeste, hohe Wanderschuhe anziehen. Grenzübertritte. – Bei Hochwasser können die Bachtäler überflutet und unpassierbar werden!

Wissenswertes *Reinart:* 1338 wird erstmals ein »Eremit im Wald am Reinard« genannt, 1344 erstmals die Oude Brüg (Alte Brücke) über die Weser, die vor allem von den Pilgertrecks Aachen – Trier (etwa 1100–1400 n. Chr.) benutzt wurde. 1424 wird von »Siedlung« geschrieben; ein Reinartzhof war im 16. Jahrhundert Hofgut der Herzöge von Jülich. Ober- und Unterhof mußten nach dem Zweiten Weltkrieg, als Belgien sich die Weserquellen als Trinkwasserreservoir sicherte, verlassen werden und sind geschleift worden. An die Geschichte erinnert der Gedenkplatz mit Kapelle für Unsere Liebe Frau vom Reinart. –

Gedenkstätte »Unsere liebe Frau vom Reinart«   (Foto: Hans Naumann)

Das Quellwasser der belgischen Weser, 915 n. Chr. als »Vesera« (= sumpfiger Bachlauf) erstmals urkundlich erwähnt, wird unterhalb des Steinleyvenn in einem Kanal aufgefangen und über Steinbach und Eschbach im Gebiet Alte Brücke wieder der Weser zugeführt, die zur Trinkwassergewinnung der Wesertalsperre zufließt. Diese Maßnahme soll eine denkbare Verschmutzung über das durch die deutsche Gemeinde Roetgen verlaufende Weserbachbett verhindern.

Tourenbeschreibung Vom Parkplatz in *Petergensfeld* gehen wir ein paar Schritte abwärts, wenden uns aber vor der »Wesertalstraße« links in die Straße »Spanisch«, die im deutschen *Roetgen* auf die »Mühlenstraße« stößt. Auf dieser Straße erst abwärts, über die *Weser* und bergauf; an den letzten Häusern über die *Staatsgrenze* und im belgischen Staatsforst Oberweser geradeaus weitergehen, auch über die am Ende querende Forststraße hinweg und eine Schneisenstrecke hinab. Im *Steinbachtal* durch einen moorigen Eichen-Birken-Wald bis vor den *Steinbach,* gegenüber dem zufließenden *Eschbach.* Dieses Steinbachtal wandern wir nun an der Ankunftsseite aufwärts, bis wieder geteerte Forststraßen erreicht sind. Nach rechts den Steinbach überbrücken und die Straße hinauf. An deren Scheitelpunkt aus der Rechtskurve links abbiegen, auf einem befestigten Weg den *Reinart* hoch, das Gebiet der nach dem Zweiten Weltkrieg geschleiften *Reinartzhöfe:* Am *Gedenkkreuz Braun-Neicken* vorbei zur *Gedenkstätte für Unsere Liebe Frau vom Reinart* (Kreuz, Dreieckskapelle, Gedenkstein, Schutzhütte). Dort nicht rechts in den *Mazde Pfad* (= Marienpfad, einstige Pilgerstrecke), vielmehr weiter bergauf, auch an den *Ruinen des Oberhofs* vorbei (1½ Stunden)

Unser Fahrweg endet auf der Höhe an einer Schranke und Anschlagtafel vor dem zum *Naturschutzgebiet Steinley* gehörenden *Kutenhart-Venn.* Dahinter gehen wir leicht rechts in die breite *Feuerschutzschneise,* die im Tal des jungen *Eschbach* endet. Am dortigen Naturschutzschild die Gewässer überschreiten und nun das Eschbachtal in seinem Moorwald abwärts, wobei der Bach stets zur Rechten bleibt, bis zur Straßenbrücke. Diese Waldstraße nach links ansteigen und bald weitläufig abwärts ins *Wesertal.* (Wieder 1 Stunde).

Auf der *Bellesforterbrücke* die Weser überqueren, rechts (Richtung Kupfermühle) das Wesertal aufwärts, bis von der anderen Seite der Eschbach einmündet (Gebiet *Alte Brücke* der Pilger; die einstige Kupfermühle stand an der gegenüberliegenden Flußseite im Bachwinkel). Hier die Weser nicht überbrücken, vielmehr an der bisherigen Bachseite weiter talaufwärts: Über einen betonierten Quellgang; als Pfad bald durch sumpfigen Wald neben der Weser; ab der nächsten Brücke links die »Wesertalstraße« hoch nach Petergensfeld.

18 Bahnhof Konzen – Naturschutzgebiet Steinley – Grenzweg

Verkehrsmöglichkeiten Busverbindungen (AVV) von Aachen, Monschau, Düren und Simmerath bis Haltestelle Monschau – Konzen/Bahnhof.
Parkmöglichkeiten Am Venn-Bahnhof Konzen.
Wegmarkierungen Anschlagtafeln und Schilder.
Tourenlänge 12 Kilometer.
Wanderzeit 3 Stunden.
Höhenunterschiede Etwa 180 Meter. Leichte Wanderung.
Wanderkarte 1:25000 Monschauer Land – Rurseengebiet (Nr. 3).
Anmerkung Wegzehrung mitnehmen. Grenzübertritte. – Bei Nässe sind Gummistiefel erforderlich. Bei Hochwasser können die Weserquellen unpassierbar werden. – Etwaige Sperrungen des Venn werden an der alsbald erreichten Anschlagtafel ange- zeigt; sie sind unbedingt zu beachten. Die einstige Kupferstraße quer durch das Steinley darf in jedem Fall nur zwischen 10.00 und 17.00 Uhr begangen werden. – Auf den deutsch-belgischen Grenzsteinen ist der Richtungsverlauf der Grenze als Kerbe ein- gefräst, eine gute und manchmal wichtige Orientierungshilfe.
Wissenswertes *Konzen,* bereits 888 n.Chr. als fränkischer Kö- nigshof erwähnt, älteste Siedlung des Monschauer Landes. Die Pankratiuskapelle auf dem Friedhof gilt als »Mutterkirche« des

Naturschutzgebiet Steinley, periglazialer Ringwallweiher, »Pingo« genannt
(Foto: Hans Naumann)

63

Monschauer Landes. – Zur Weser siehe Tour 17. – *Aachener Weg,* alter Vennpfad von Monschau über Mützenich nach Roetgen und Aachen. Aachener Kreuz (Croix du Sentier d'Aix), Erinnerung an einen Raubüberfall auf einen Kaufmann (1896); neben dem alten Kreuz ein neueres von 1956.

Tourenbeschreibung Vom Parkplatz gehen wir Richtung Konzen der *Vennbahn* entlang, mit der Straße »Auf Aderich« über die Gleise und in den belgischen *Staatswald Oberweser.* Vor der Informationstafel nach rechts in den ebenfalls geteerten *Bleesweg.* An der Stelle, an der zur Linken das *Steinleyvenn* aufleuchtet, dorthin abbiegen.

Zwei Wege bieten sich an: (1) Nach rechts der Feuerschutzschneise folgen, in deren Verlängerung auf einem Pfad über die *Quelladern der jungen Weser*, und am Ende des *Naturschutzgebietes* auf dessen Schutzrand nach links. (2) Die Feuerschutzschneise lediglich überschreiten und auf einem Moorpfad – dem einstigen *Aachener Weg* – an windgezeichneten Kiefern vorbei zum *Aachener Kreuz*, wenig später dem Rand des Hochwaldes *Balloch* (zur Rechten) entlang bis zum nördlichen Schutzrand des Naturschutzgebietes.

Auf diesem Schutzrand nach links ansteigen, auch noch um den Rechtsknick im *Gebiet Hahnestreck*. Dahinter an einer gekennzeichneten Stelle nach links in das Steinley-Venn abbiegen und das Moor auf einer Piste im Gebiet einer *einstigen Kupferstraße* durchqueren; dabei bleiben die verbotenen Zonen D rechts und links der Piste! In den anschließend erreichten, geteerten *Konzener Weg* nach rechts bis zur Kreuzung mit dem ebenfalls geteerten *Pilgerweg*, vor dem *Allgemeinen Venn* (Anschlagtafel, Rastbänke). (Etwa 1¾ Stunden)

Nach links (Distrikt 296) lang – gerade ansteigen; wo der Fahrweg vor Distrikt 299 nach rechts kurvt, weiter geradeaus hoch bis zum Waldwegetreff am *Grenzstein 730* auf der Höhe des *Steling*.

Nun folgen wir dem *Grenzweg* nach links, wobei uns die Einkerbungen auf der Oberfläche der Grenzsteine die Richtung angeben: Geradeaus – auf deutscher Seite neben dem belgischen

Wildschwein in der Suhle (Foto: Hans Naumann)

Staatsforst Oberweser – durch das hier bewaldete *Hatzevenn,* bis zum *Grenzstein 744,* der anzeigt, daß die Grenze nach rechts abknickt. Von dieser Stelle geradeaus (!) weitergehen, bald auch über einen Querweg und bis zum Ende dieser Richtung (Holzlagerplatz vor einer Heisterpflanzung).

Nach links zum geteerten Konzener Weg; auf dieser Waldstraße nach rechts bis zu der vom Hinweg bekannten Anschlagtafel, und von dort nach rechts auf dem Hinweg zurück.

19 Monschau – Mützenich – Grenzwege – Brackvenn – Reichenstein – Rurtal

Verkehrsmöglichkeiten Busverkehr (AVV) von Richtung Aachen und von Schleiden – Hellenthal bis Monschau, Post.
Parkmöglichkeiten Beschilderte, gebührenpflichtige Parkplätze an den Zufahrten zum Stadtzentrum. Parkhaus in der Laufenstraße, unterhalb der Post.
Wegmarkierungen Weiß-rote Streifen (Ardennen-Eifel-Weg, GR AE nach Eupen) bis Brackvenn. Im übrigen siehe Tourenbeschreibung.
Tourenlänge 17 Kilometer.
Wanderzeit 4 Stunden.
Höhenunterschiede Insgesamt etwa 500 Meter. Treppen zur Burg, dann noch ¾ Stunde Aufstieg bis zum Steling.
Wanderkarte 1:25000 Monschauer Land – Rurseengebiet (Nr. 3).
Anmerkung Einkehrmöglichkeiten unterwegs in Mützenich und Leyloch. – Grenzübertritte. – Sollte das Brackvenn gesperrt sein (etwa wegen Brandgefahr, rote Fahne), kann es wie folgt umgangen werden: An seinem Schutzrand nicht 50 Meter abwärts, sondern nach links diesem Rand entlang; an seinem Ende in ein Waldpfädchen, am Grenzstein 716 vorbei; vor dem Wald nach rechts auf den Weg zum Grenzübergang; ins Belgische und am Straßenrand zum nahen Parkplatz Grenzweg. (In der Kartenskizze gestrichelt.)
Naturpark-Information Fremdenverkehrsamt, Stadtstraße 1 (an der Rurbrücke), D-52156 Monschau.
Wissenswertes Monschau (früher: Montjoie), malerisches Fremdenverkehrszentrum, in der Grauwackeschlucht der Rur aufeinandergebaut, erhielt bereits 1350 Stadtrechte. Burg (heute eine von zwei Jugendherbergen), Haller (Wachtturm), Rotes Haus (Patrizierhaus eines Tuchfabrikanten), katholische Pfarr-

N

nach Aachen

Imgenbroich

258

nach Schleiden

Hargard

Menzerath

Wiesenthal

Post

Monschau

Rur

Heidgen

258

Rur

Dreistegen

Bhf

Burg

Kl. Laufenbach

Steling

Grenz-weg

Wasser-behälter

Kaiser
Karls
Bettstatt

Belgien

Naturschutzgebiet

Gebirgsbach

Rur

0   0,5   2 km

Gut Reichenstein

Ermesbach

Brackvenn

Naturschutzgebiet

Mützenich

Grenz-übergang

P

Grenzweg

Platte Venn

Eschweide

Leyloch

Vennhof

Hahn-
heister

Grenzstein 694

Belgien

von
Eupen

kirche (1640), schöne Holzfachwerkhäuser. Siehe dazu auch »Die schöne Eifel«, Heft Monschau (herausgegeben vom Eifelverein.) – Steling (660,6 m), Wasser- und Wetterscheide zum Hohen Venn. Kaiser Karls Bettstatt, erratischer Block (Quarzitgestein) in Form einer Liege, von Sagen umwoben; im Mittelalter ein Grenzstein, der im 13. Jahrhundert diesen Namen erhielt. – Leyloch, gelegen an zwei Geröllströmen des eiszeitlichen Gletschers auf dem Hohen Venn. – Die »Vennbahn«, am 30. 6. 1885 von Aachen-Rothe Erde nach Monschau in Betrieb gesetzt, ist heute auf ihrer ganzen Länge (bis vor Walheim) belgisch; jetzt touristische Bahn. – Reichenstein, 1131–1137 durch Umwandlung einer Burg als Frauenkloster gegründet, später Hospiz, ab 1487 Männerkloster und zu Steinfeld gehörig; 1543 zerstört, 100 Jahre später wiedererrichtet; 1802 von den Franzosen geschlossen; mit Hilfe des Landeskonservators erneuert, aber Privatbesitz; Innenhof und Klosterkirche zu besichtigen.

Tourenbeschreibung   Vom Postamt gehen wir die »Laufenstraße« abwärts ins Stadtzentrum und folgen gegenüber der Rurbrücke den weiß-roten Markierungen: Steintreppen hinauf, die »Kirchstraße« nach rechts überqueren und weiter den *Schloßberg* hoch; die *Burg* im Rücken, nach links durch die Straße »Unterer Kalk«, ein paar Schritte aufwärts, dann abwärts durch den Steilhang; an der Straßengabelung nicht ins Tal absteigen, vielmehr den »Biesweg« hinauf; oberhalb des gleichnamigen Parkplatzes über die Bundesstraßenkurve »Burgring« in die »Wilhelm-Jansen-Straße«; in deren Verlängerung das Tal des *Kleinen Laufenbaches* ansteigen; oben links durch den Bahnviadukt, dahinter rechts in die Straße »Steindrich«, nach 45 Metern jedoch wieder links in den Weg, der den Kleinen Laufenbach zweimal überbrückt; über die Querstraße »Lauscheit« und 40 Meter das Sträßchen »Balteshof« hoch, dann (Achtung!) links auf einen Pfad, der neben einem Quellgraben ansteigt; in *Mützenich* von »Hoarstatt« rechts »Im Schnellen Wind«; die »Eupener Straße« überschreiten und »Schiffenborn« hinauf, jedoch abbiegend »Oberer Stehling«; mit der Querstraße »Im Brand« nach rechts wieder etwas abwärts, vor dem Ende dieser Straße indes nach links erst die Feldstraße hoch, dann die Straße »In den Stecken« bis zur Waldecke auf dem *Steling* (Höhe 660,6 m), wo uns rückschauend die Nordeifel zu Füßen liegt. (1 Stunde)

Weiter mit der bisherigen Markierung: Nach links auf dem *Grenzweg* dem Waldrand entlang; vor einer Schutzhütte rechts abbiegen, neben *Kaiser Karls Bettstatt* vorbei, abwärts und über die *Staatsgrenze* zum oberen Rand des *Naturschutzgebietes Brackvenn.*

Die Feuerschutzschneise 50 Meter hinab, dann links auf einem Pfad in das Moor. An der nächsten Abzweigung scharf links weiter. Am Ende dieses Moorweges über die Eupener Landstraße und den *Parkplatz Grenzweg* in einen beschrankten Waldfahrweg. Jedoch bereits nach 80 Metern davon links ausbiegen und mit gelben Pfahlmarkierungen weiter der *Grenze* entlang, von *Grenzstein 709* über den *Hahnheister* bis *Grenzstein 698*, erst geradeaus zum *Grenzstein 697,* dort links einbiegend (Grenzverlauf ist auf den Steinen eingekerbt!) und noch bis zum *Grenzstein 694.* (Wieder 1¼ Std.)

Vom *Grenzstein 694* verläuft die Grenze in einer breiten Vennschneise lang-gerade bergab; wir aber biegen an diesem Stein leicht links in den sich senkenden, breiten Schneisenweg, und wir nehmen ab einer Schutzhütte den Fahrweg bergab. Mit der erreichten Straße an den *Vennhöfen* vorbei, auch am Gasthof *Leyloch*, im Tal über den *Ermesbach* und noch unter der Vennbahnbrücke hindurch.

Dahinter links auf *Gut Reichenstein* zu, aber vor dessen Einfahrt auf Weg A 5 links in den Wald, unten über den *Ermesbach*, dann neben der *Rur* im *Naturschutzgebiet Gebirgsbach Rur* talwärts nach *Dreistegen*. Mit der »St. Vither Straße« (Fußweg rechts) wieder hinab in die Stadt.

20 Monschau – Naturschutzgebiet Gebirgsbach Rur – Reichenstein – Küchelscheid – Ruitshof – Richelsley mit Kreuz im Venn

Verkehrsmöglichkeiten   Bus (AVV) Monschau – Kalterherberg, Haltestelle Dreistegen.

Parkmöglichkeiten   Parkplatz Dreistegen; an der alten Fabrik oberhalb der Stadt vor der Rurbrücke der B 399/B 258 einbiegen.

Wegmarkierungen   Wechselnd; siehe Tourenbeschreibung.

Tourenlänge   14 Kilometer. Abkürzungen jeweils 7 Kilometer.

Wanderzeit   3½ Stunden. Abkürzungen jeweils 2 Stunden.

Höhenunterschiede   Etwa 350 Meter. Leichte Wanderung.

Wanderkarte   1:25000 Monschauer Land – Rurseengebiet (Nr. 3).

Abkürzungen   Entweder nur bis Norbertuskapelle wandern oder auf dem Wanderparkplatz Reichensteiner Brücke parken und nur über Küchelscheid – Ruitshof zum Kreuz im Venn.

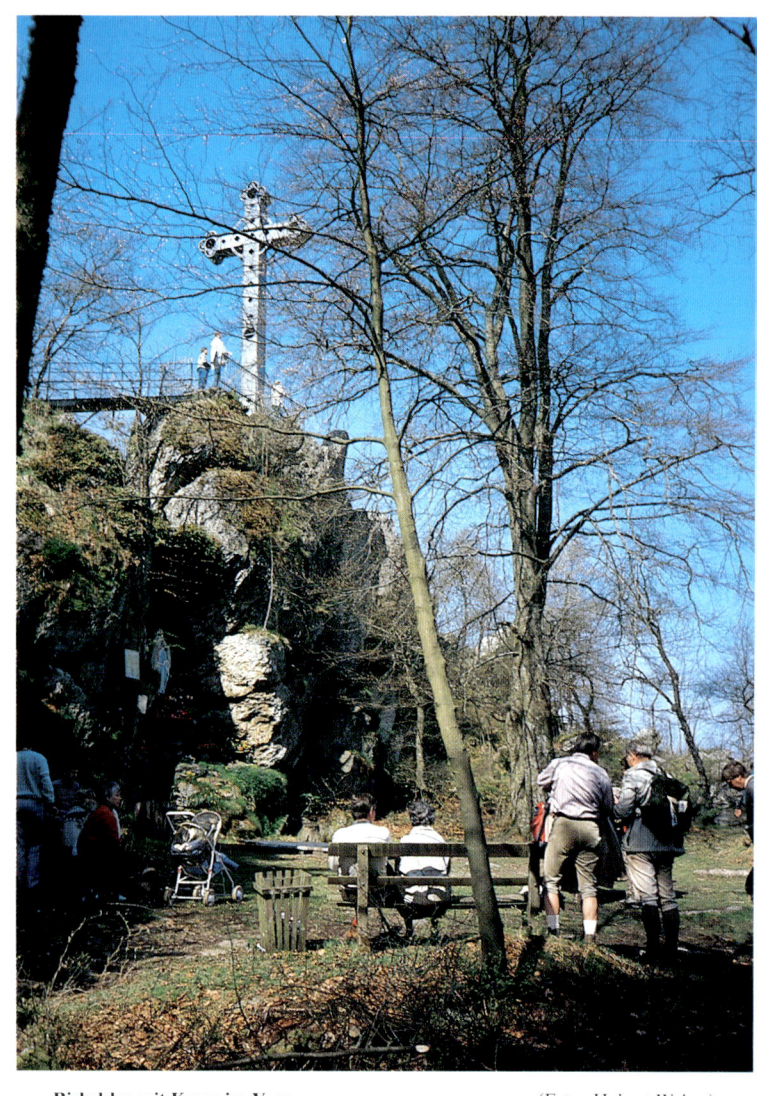

Richelsley mit Kreuz im Venn (Foto: Hubert Weber)

Anmerkung Keine Einkehrmöglichkeit an der Strecke. – Grenzübertritte!

Naturpark-Information Naturschutzgebiet Gebirgsbach Rur, Talflanken der Rur mit sogenannten Monschauer Schichten (Unterdevon, 400 Millionen Jahre alt) und seltenen Schluchtpflanzen.

Wissenswertes Dreistegen am Zusammenfluß von Perlenbach und Rur, ehemalige Tuchfabrik. Die einstige Bedeutung des Tuch-»Dreiecks« Aachen – Eupen – Monschau beruhte auf den kalkfreien Wassern des Hohen Venn, die allein das natürliche Einfärben ermöglichten. – Ruitshof (nicht Ruitzhof), deutsche Exklave im Belgischen, bereits 1205 als Gehöft im Besitz des Klosters Reichenstein erwähnt. – Richelsley, einst als herausragender Fels im Bovelsvenn ein Treffpunkt der Vennhirten; 1890 mit dem 6 Meter hohen Kreuz im Venn versehen; Prozessionsziel, Aussichtspunkt. – Norbertuskapelle mit den Abbildungen des heiligen Norbert und des seligen Hermann Josef, Mönch zu Steinfeld; dies bezieht sich auf Gut Reichenstein (siehe Tour 19), das einst dem 1120 durch Norbert von Xanten gegründeten Prämonstratenserorden geschenkt wurde und zum Ordenskloster Steinfeld gehörte.

Tourenbeschreibung Über die Rurbrücke, biegen wir an der Südseite des Flusses ein und ziehen im *Naturschutzgebiet Gebirgsbach Rur* talaufwärts bis zur *Reichensteiner Brücke.* (1 Stunde)

Neben dieser auf Weg A 4 weiter talaufwärts bis zum *Rastplatz Rosengasse* in *Kalterherberg* (¾ Stunde). Die Straße abwärts; unten nach Belgien rechts über Bahn und *Rur* und – im Anblick von *Küchelscheid* – erneut rechts über den *Schwarzbach.* Hinter dieser Brücke sogleich links in den Weg »Geisberg« talaufwärts; an den nächsten Häusern nicht die Straße hinauf, vielmehr am Hang weitersteigen und erst in Nähe des oberen Waldrandes hoch nach *Ruitshof.* (Wieder ½ Stunde)

Zum oberen Ortsende. Dort die Waldstraße ansteigen, ab einer Schranke (Staatsgrenze) im *Steller Holz* noch etwa 400 Meter. In den nach scharf rechts sich senkenden Waldfahrweg wechseln und kurz vor dessen Ende auf die Felsgruppe *Richelsley* zu abbiegen. An dieser Seite kann der Felsen zum *Kreuz im Venn* bestiegen werden.

Um den Felsen zur *Mariengrotte.* Von dort auf dem geraden, viel begangenen Weg abwärts zum *Parkplatz Reichensteiner Brücke.*

Rechts über diesen Parkplatz und über die *Rur.* Links neben der *Norbertuskapelle* hangaufwärts und Weg A 5 folgen: Oben mit der Forststraße 2 Kilometer nach links; wo diese Straße scharf rechts aufwärts knickt, geradeaus halten; 400 Meter weiter, vor dem Wiesenzaun, den alten *Kalterherberger Weg* im *Hasselbachtal* abwärts und zurück.

21 Monschau: Um die Perlenbachtalsperre

Parkmöglichkeiten Wanderparkplatz Perlenau, an der Auffahrt zur Perlenbachtalsperre oder unter der Brücke am Wasserwerk Perlenbach. Die Zufahrt erfolgt ab der Bundesstraßen-Brückenrampe in die Sackgasse Richtung Perlenau.

Wegmarkierungen A 4.

Tourenlänge 7,5 Kilometer.   **Wanderzeit** Etwa 2 Stunden.

Höhenunterschiede   Etwa 200 Meter. Keine steilen Wege.
Wanderkarte   1:25000 Monschauer Land – Rurseengebiet (Nr. 3).
Anmerkung   Nächste Einkehrmöglichkeit: Perlenau.
Wissenswertes   Perlenbachtalsperre, erbaut 1953–55, 800000 m^3 Trinkwasser, zugleich Wasserausgleichsbecken.
Tourenbeschreibung   Vom Parkplatz folgen wir Weg A 4: Zur *Staumauer* und der *Perlenbachtalsperre* entlang; wenig oberhalb des Einlaufs rechts abwärts, über den *Perlenbach* und rechts am Ufer in Gegenrichtung weiter; später das *Römerbachtal* hoch; die B 399 etwa 150 Meter aufwärts, doch bereits vor dem ersten Haus von *Kalterherberg* scharf rechts die Feldstraße hinauf; mit der querenden Heckenreihe nach links, die nächste Querstraße rechts am *Rodehof* vorbei; wo diese Straße, bereits bergab, nach links knickt, noch wenige Meter geradeaus, dann rechts einbiegen und an der Schranke vorbei den Waldweg (auch Weg 100) hinab.

Vor der Brückenauffahrt über die Hauptverkehrsstraße hinweg in die Richtung Perlenau ausgeschilderte Sackgasse, die auch unsere Parkplatzzufahrt war.

22 Monschau: Höfener Mühle – durch deutsche und belgische Naturschutzgebiete

Parkmöglichkeiten Wanderparkplätze neben der Perlenbach-brücke (Höfener Bachseite) oder oberhalb der Gaststätte »Perl-bacher Mühle« (an der Kalterherberger Seite des Perlenbachta-les).

Wegmarkierungen Streckenweise; siehe Tourenbeschreibung.

Tourenlänge Insgesamt 20 Kilometer. »Abkürzungen« beach-ten!

Wanderzeit Insgesamt 4 bis 5 Stunden.

Höhenunterschiede Etwa 350 Meter. Leichte Wanderung.

Wanderkarte 1:25000 Belgienkarte, Blatt 50/3–4 (Elsenborn – Langert). – 1:50000 L 5502 Monschau oder Deutsch-Belgischer Naturpark, Nordteil.

Abkürzungen 1. Vor allem, wenn das belgische Gebiet ge-sperrt ist, sollte wie folgt zurückgewandert werden: Den Wald-fahrweg im Jägersieftal durch das Naturschutzgebiet ganz auf-wärts; hinter der höchsten Stelle, also am Ende dieser Richtung, links auf Weg A 3 abwärts in Fuhrtsbachtal. Von dort mit dem Zeichen »schwarzer Winkel« wie beschrieben zurück. (9 km, 2 Stunden; in der Kartenskizze gestrichelt.)

2. Von der Höfener Mühle nur bis Erkelenzer Kreuz wandern und dort bereits in den Rückweg (15 km, 3½ Stunden).

Anmerkung Rucksackwanderung, da Einkehr nur in der Perl-bacher Mühle möglich. – Die Wege führen im Belgischen durch das Sicherungsgebiet des Truppenübungsplatzes Elsenborn; sie sind mittwochs und donnerstags 9–11 und 14–17 Uhr gesperrt, außer in der Zeit 15. 6. bis 31. 8. und an deutschen gesetzlichen Feiertagen. Etwaige sonstige Sperrzeiten werden an der Staats-grenze mit einer Schießplan-Tafel angezeigt. – Weitere Wande-rungen im Umfeld des Rocherather Waldes: Siehe Touren 23, 50 und 51.

Naturpark-Information Wanderung durch weitläufige deutsche Naturschutzgebiete, die am Bachlauf des Jägersief mit belgi-schen Naturschutzgebieten verbunden sind, welche bis ins Weiß-feld nahe Rocherath reichen. Der Naturschutz dient den in ihrer Art einmaligen Tal- und Vennlandschaften, die alljährlich gegen Ende April – Anfang Mai (je nach Witterung) durch tausende blühender Wildnarzissen verzaubern. Blumen dürfen weder ge-pflückt noch ausgegraben werden!

Wissenswertes Höfener Mühle oder Perlenbacher Mühle, 1805 als Fruchtmühle erbaut, heute Gasthof »Perlbacher Mühle«. –

Der Perlenbach, im Oberlauf Schwalm genannt, hat seinen Namen von der einstigen Perlenfischerei (17.–18. Jahrhundert), die als Hoheitsrecht die Herzöge von Jülich und später die Kurfürsten von der Pfalz ausübten. Auf dem Galgendamm unterhalb des Steilfelsens Bieley soll ein Galgen zur Abschreckung von Wildfischern gestanden haben. – Das Wandergebiet, der karolingische »Unterwald«, kam mit Monschau 1435 zum Jülicher Amt. – Erkelenzer Kreuz (Mathias-Kreuz, Mönchskreuz), 1735 am »Trier'schen Weg« zu Ehren der zum Grabe des heiligen Mathias nach Trier pilgernden Erkelenzer Bruderschaft errichtet.

Tourenbeschreibung Von dem genannten Parkplatz oberhalb Perlbacher Mühle ziehen wir über die Verbindungsstraße Höfen – Kaltherberg und (auf Weg A 2, 3) in das *Naturschutzgebiet Perlenbach*. Nach ½ Stunde über die *Pfaffensteger Brücke* zur östlichen Seite wechseln und weiter das *Perlenbachtal* aufwärts. Unterhalb einer Schutzhütte die von Gut Heistert kommende Furt und Wanderbrücke noch rechts lassen. Sobald aber dahinter die Waldstraße in das Nebental des *Jägersief* schwenken will, davon rechts abweichend über den *Jägersief (Staatsgrenze)* und am Fuß der *Bieley* vorbei. Der Pfad führt hinter dem Steilfelsen über den *Steingenssief* und nach rechts über den *Vokkesbach,* dessen Tal wir vor dem *Jajesnica-Kreuz* nach links aufwärts ziehen. Mit der nächsten Straße über das Gewässer, dann rechts das *Lange Tal* hinauf, wo der gleiche Bach *Krokkesbach* (= Krokusbach) heißt. (2 Stunden)

Naturschutzgebiet Perlenbachtal am Steilfelsen Bieley   (Foto: Hans Naumann)

Höfener
Mühle

Gasthof
Perlbacher
Mühle

nach
Kalter-
herberg

Alzen

B 258

Bratherhof

nach Wahlerscheid

Fuhrtsbach

Naturschutzgebiet
Perlenbachtal- Fuhrtsbachtal

Pfaffensteger
Brücke

Gut
Heistert

Heisterbach

Jägersief

NSG
Döppes-
kaul

N

Großer
Stern

Fürtgesweg

Monschauer Pfad

Bieley

Steingenssief

Abkürzung

Hohe Mark

Jajesnika-Kreuz

Vokkesbach

Teich

Schwalmbach

Erkelenzer
Kreuz

Krokkesbach

NSG Lutzen-
venn

B e l g i e n

Dickelt

NSG Obere Schwalm

nach Wahlerscheid

Truppenübungsplatz Elsenborn

Weißfeld

0   0,5   2 k m

von Rocherath, Malmédy

Im *Lutzenvenn* nach rechts erneut über den Wasserlauf, durch die Rechtskurve und ansteigen, bis auf der Höhe des *Dickelt* im *Staatsforst Elsenborn* eine geteerte Straße erreicht ist. In diese nach rechts – so daß das *Naturschutzgebiet Obere Schwalm* als Senke zur Linken bleibt –, jedoch in die nächste geteerte Waldstraße nach rechts abbiegen. Im *Langen Tal* über den Hinweg; unterhalb *Erkelenzer Kreuz* aufsteigen, mit diesem Fahrweg bis oben, dort rechts zum Waldstraßentreff *Großer Stern,* wo die *Grenze* zwischen Eisenträgern überschritten wird. (Erneut 1 Stunde) – Schräg links die Waldstraße A 5 hinab ins *Naturschutzgebiet Fuhrtsbachtal* und von dort der Markierung »schwarzer Winkel« folgen: An dem Teich links; nächste Querstraße ein paar Schritte ansteigen, gegenüber dem Lagerhaus rechts, hinter Teichen erneut rechts und das *Fuhrtsbachtal* abwärts; ganz unten über die Brücke und am Ufer des *Perlenbaches* zur Brücke an der Höfener Mühle.

23 Rothe Kreuz – Narzissenwiese – Wahlerscheid – Naturschutzgebiete Döppeskaul und Fuhrtsbachtal

Parkmöglichkeiten Wanderparkplatz Rothe Kreuz; von Monschau-Höfen Richtung Schleiden neben der B 258 am Waldanfang links. – Die Wanderung kann auch in Wahlerscheid angetreten werden, vom Parkplatz über den Rastplatz.
Wegmarkierungen Wechselnd; siehe Tourenbeschreibung.
Tourenlänge 10,5 Kilometer.
Wanderzeit 2½ Stunden.
Höhenunterschiede Etwa 240 Meter. Leichte Wanderung.
Wanderkarte 1:25000 Monschauer Land – Rurseengebiet (3).
Anmerkung Gegen Ende April eine Wanderung durch die Gebiete blühender Wildnarzissen, von besonderer Pracht auf der Narzissenwiese Nömberörtchen, einem Naturdenkmal. – Die Wege führen teilweise durch das Sicherungsgebiet des nahen Truppenübungsplatzes Elsenborn; Zutrittsverbote siehe Tour 22.

Tourenbeschreibung Am *Parkplatz Rothe Kreuz* entfernen wir uns dem Waldrand entlang von der Bundesstraße. Sobald im *Höfener Wald* nach links eine andere Waldstraße abzweigt, biegen wir rechts ein. Unsere Richtung ist wenig später mit einem »schwarzen Keil« markiert; dieser führt uns nach 20 Minuten in einem Links-Rechts-Versprung über den oberen Rand der *Nar-*

Rothe
Kreuz

nach Höfen

B 258

Eschenhof

P Parkplatz
Rothe Kreuz

Fuhrtsbach

Höfener Wald

Narzissenwiese

Naturschutz -gebiet

Holzlagerplatz

nach
Schleiden

Hütte

P Wahlerscheid

B 258

Döppes- kaul

Zollamt

B e l g i e n

Wiesbach

0   0,5   2 km

von Rocherath

zissenwiese »Nömberörtchen«, dann einen Waldfahrweg hinauf.
Diesen steigen wir kerzengerade ganz (!) hoch. Oben über die
B 258 hinweg und einen im Wald verlaufenden Randweg auf-
wärts zur Forststraße von *Wahlerscheid.* (1 Stunde)

Auf dieser nach rechts, folgen wir jetzt dem Zeichen »schwarzer Winkel«: Langgezogen geradeaus, ab einer Schutzhütte neben der Grenze; in Kehren etwas bergab, wenige Schritte vor
dem Bachübergang jedoch rechts abbiegen und im *Naturschutzgebiet Döppeskaul* abwärts ins *Naturschutzgebiet Fuhrtsbachtal;*
unterhalb eines Teiches links auf dem Fahrweg weiter, bald mit
einer Waldstraße auch unterhalb des nächsten Teiches und bis
zur Querstraße unterhalb eines großen Lagergebäudes.

Nach rechts über den *Fuhrtsbach;* hinter der *Antoniusbrücke*
scharf (!) rechts ansteigen und vorerst am Hang über dem
Fuhrtsbach bleiben, also nicht links abbiegen. Erst an einer We-

gegabelung vor einem Seitental nach links und dieses Tal im *Höfener Wald* aufwärts. Oben (Ende des Naturschutzgebietes) über die querende Forststraße hinweg zur B 258, gegenüber dem Parkplatz Rothe Kreuz.

24 Raeren: Durch den Raerener Wald über den Vennberg

Parkmöglichkeiten   Am Wasserturm in Raeren-Schossent. (Aus Deutschland kommend je 5 Fahrminuten von den Grenzübergängen Aachen-Sief oder Roetgen/Petergensfeld.)
Wegmarkierungen   Weiße Wegzeichen.
Tourenlänge   8,5 Kilometer.
Wanderzeit   2 Stunden.
Höhenunterschiede   Etwa 350 Meter. Leichte Wanderung.
Wanderkarte   1:25000 EUREGIO (Nr. 01).
Anmerkung   Keine Einkehrmöglichkeit.
Wissenswertes   *Raeren*, 1277 (Ortsteil Neudorf bereits 1241) zuerst erwähnt, europaweit bekannt als Töpferdorf (Raerener Prunkkrüge); Töpfereimuseum in der Burg mit Exponaten ab dem 12. Jahrhundert. – Zu den Pilgertrecks auf dem Pilgerweg, der im Gebiet Alte Brücke (Oude Brüg) über den Flußlauf der Weser führte, siehe auch bei Tour 17. – Der Pilgerborn ist eine Nebenquelle des Periolbaches, welcher in die Iter mündet. Iter und Inde entwässern das nördliche Venn, vereinigen sich vor Kornelimünster und bescheren diesem Ort seit Menschengedenken jahreszeitliche Überschwemmungen.
Tourenbeschreibung   Mit dem Rücken zum Wasserturm stehend, folgen wir den weißen Markierungen nach rechts: Auf dem Fahrweg in den zum *Osthertogenwald* zählenden *Raerener Wald;* nach Überqueren der *Vennbahn* in einer Linkskurve ansteigen, auch noch in die Rechtskurve bis zu Wegabzweigungen vor einer einzelnen Eiche; dort links in die *Birkenschneise,* einen *Alten Pilgerweg,* der gerade ansteigt, bald neben einem Gewässer, das aus dem *Pilgerborn* stammt.

Auf der Höhe wird die *Vennstraße* überquert und in einem breiten Einschnitt neben dem *Neuwald-Venn* den *Vennberg* hinab gewandert; unten in einem Rechtsversprung weiter bergab. Von der tiefsten Stelle geradeaus wieder 40 Meter ansteigen, dann im Eichen-Birken-Wald abwärts, geradeaus (!) und direkt ins *Wesertal, Gebiet Alte Brücke,* gegenüber dem einmündenden *Eschbach.* (1 Stunde)

Der Rückweg beginnt nach links, an dieser Seite der *Weser* bleibend (also nicht über die Brücke), nach wenigen Schritten über die Betonrinne eines Quellbaches; dahinter nur noch 80 Meter im Tal aufwärts, vor einer Linkskurve aber vom Tal abweichend nach links den steilen Hang ansteigen und im lichten Eichenwald über einen Felsgrat weiterwandern. In die nächste breite Schneise nach links einbiegen und nun stets geradeaus halten: Den *Weserberg* hinauf; oben wieder über die *Vennstraße* und eine Waldstraße erst kerzengerade abwärts, unten (im Gebiet der *Indequellen*) über die *Vennbahn* und zurück zum Wasserturm.

25 Vennkreuz – Wesertalsperre – Osthertogenwald

Parkmöglichkeiten Am Vennkreuz, etwa in der Mitte der »Vennstraße« von Roetgen/Petergensfeld nach Eupen, an der Abzweigung nach Raeren. – Die Wanderung kann auch vom Parkplatz der Wesertalsperre angetreten werden.

Wegmarkierungen Überwiegend gelb und rot (Wanderung »Vorst«); siehe Tourenbeschreibung.

Tourenlänge 15 Kilometer, Abkürzung 12 Kilometer.

Wanderzeit Etwa 3½ Stunden, Abkürzung 2½ Stunden.

Höhenunterschiede Etwa 220 Meter. Leichte Wanderung.

Wanderkarte 1:25 000 EUREGIO (Nr. 01).

Abkürzung Vor dem Forsthaus Mospert rechts abbiegen und mit der Markierung »rot« direkt auf den Diebach zu. In der Kartenskizze gestrichelt.

Anmerkung Einkehrmöglichkeit nur im Touristenzentrum Wesertalsperre. Zu den dortigen Lehrpfaden siehe Tour 26.

Wissenswertes Zur Wesertalsperre: Siehe Tour 26.

Tourenbeschreibung Dem Vennkreuz gegenüber ziehen wir die Waldstraße hinab bis in die Linkskurve. Dort nach rechts von der Straße abbiegen und der gelben Markierung folgen: Gerade durchgehen; am Ende von Distrikt 185 (Stein) rechts abknicken, nach 40 Metern aber wieder links; oberhalb der Wesertalsperre um den *Hammersberg,* danach über den Bach *Mücken-*

Wesertalsperre   (Foto: Hans Naumann)

siefen und wieder bergauf zu einer querenden Forststraße. Auf
dieser mit roten Punkten nach links zum *Forsthaus Mospert.*
Weiter auf der Forststraße, abwärts und der *Wesertalsperre* entlang bis vor die Staumauer. (1¼ Stunden)

Den Aufgang hoch zum *Touristenzentrum,* das für den Rückweg rechts bleibt; am *Aussichtsturm* vorbei und über die Parkplätze wieder in den *Osthertogenwald.* Den Waldfahrweg hinter
der Informationstafel (ehemalige *Trasse der Eisenbahn zum Bau
der Talsperre*) durchgehen, bis er an einer Querstraße endet.

Ab hier folgen wir nur noch den roten Wanderzeichen: Die
Straße nach links nehmen; jenseits der *Vennstraße* (Landstraße)
nicht geradeaus in den *Haasweg,* vielmehr leicht rechts in den
Waldweg (ebenfalls *ehemalige Bahntrasse*); nach 1 Kilometer

rechts abkurven, bald über die Neuforststraße, im *Neuforst* auch über den *Iterbach* und bis zur Straße Raeren – Vennkreuz; diese nur 30 Meter aufwärts, dann links in den Wanderpfad einbiegen; im *Raerener Wald* nach rechts den lang-geraden *Ketteniser Graben* – Quellgrund des *Periolbaches* – aufwärts zur *Vennstraße,* die nach rechts – gegenüber dem *Neuwaldvenn* – in 10 Minuten zum *Vennkreuz* zurückführt.

26 Eupen – Stadtwald – Wesertalsperre mit Wasser- und Waldlehrpfad

Verkehrsmöglichkeiten Bahnverbindung nach Eupen über Welkenraedt – Verviers (Linie Köln – Aachen – Lüttich). Busverkehr von allen Richtungen, auch von Aachen-Hauptbahnhof. – Diese Wanderung beginnt an der Bushaltestelle Bellmerin der Buslinie Verviers/Hauptbahnhof – Eupen/Bushof.

Parkmöglichkeiten Bellmerin, am Straßenrand.

Wegmarkierungen Anfangs weiß-rote Balken (Hauptwanderweg Eupen – Monschau). Die Lehrpfade sind beschildert.

Tourenlänge 10 Kilometer.

Wanderzeit 2½ Stunden.

Höhenunterschiede Etwa 300 Meter. Keine steilen Wege.

Wanderkarte 1:25000 EUREGIO (Nr. 01).

Abkürzung Am Touristenzentrum der Wesertalsperre parken und nur über die Lehrpfade wandern; Wasserlehrpfad 1,5 Kilometer und Waldlehrpfad 3,8 Kilometer. Dazu gibt es spezielle Unterlagen und Informationen im Touristenzentrum oder beim Verkehrsverein Eupen, Marktplatz 7, B-4700 Eupen.

Anmerkung Einkehrmöglichkeit im Touristenzentrum der Wesertalsperre. Bei trockenem Wetter genügen leichte Wanderschuhe.

Naturpark-Information Der Wasserlehrpfad unterrichtet über die Trinkwasserversorgung und -aufbereitung. Der Waldlehrpfad zeigt auf 21 Tafeln in sehr anschaulicher Weise den Nutzen und die Gefährdung des Waldes.

Wissenswertes Nach den Aufzeichnungen des römischen Feldherrn Gajus Julius Cäsar gehörte das heutige Gebiet Eupen 57 v. Chr. zum keltischen Belgica, wurde aber von germanischen Condrusen bewohnt. Das Grenzlandschicksal blieb über 2000 Jahre erhalten: Die Stadt gehörte immer wieder den Mächtigen und Siegern, und alle hinterließen ihre kulturellen und baulichen Spuren. Heute ist Eupen Sitz des Regionalparlaments für das deutschsprachige Belgien. Heimatmuseum, Gospertstraße 52. – Die Wesertalsperre (Talsperre der Weser und des Getzbaches, Lac d'Eupen, neuerdings auch Eupener Stausee genannt) wurde bereits zur Preußenzeit geplant, aber erst 1951 vollendet. Ihr Fassungsvermögen von 25,1 Millionen m^3 dient der Trinkwasserversorgung der Provinz Lüttich.

Tourenbeschreibung Von der Bushaltestelle *Bellmerin* wandern wir über die *Weserbrücke* und Richtung Talsperre in die Straße »Langesthal« zur Anschlagtafel der Wanderwege. Von dort folgen wir den weiß-roten Zeichen in den *Stadtwald:* Ansteigen; an einer Abzweigung rechts und somit über dem Wesertal bleiben; nahe einer Fabrik über den *Diebach;* von einer Wegverzweigung in den leicht steigenden Weg und durchgehen bis zur Zufahrtstraße zur *Trinkwasseraufbereitungsanlage.*

Diese Straße auf das Gebäude zu abwärts, davor aber links (Schild!) den *Wasserlehrpfad* hinauf zur *Staumauer.* Die Trittstufen hinauf zum *Touristenzentrum.* (1 Stunde)

Vom Aussichtsturm nehmen wir nun den *Waldlehrpfad:* An der Rückseite der Gaststätte vorbei, höher als der untere Spielplatz in die Birkengruppe, treppauf und über den oberen Spielplatz, auf der Hangkante (oberhalb der See-Ufer-Straße) erneut durch einen Birkenbestand. An Tafel 2 nach links und vor dem Fichtenwald bleiben. Wenig später vom Fichtenwald abschwenken und an Tafel 4 vorbei weiter zu einem festen Fahrweg, der einstigen Bahntrasse zum Bau der Wesertalsperre. In diesen Fahrweg nach rechts, von Tafel 7 durch ein abgeholztes Gebiet (Tafel 8) zur Wegkreuzung am *Graben von Hasenell.* Hinter dem Graben links einbiegen und ab Tafel 9 auf dem *Trierer Weg* dem Graben entlang. In den nächsten querverlaufenden Fahrweg nach links, also den Graben überbrücken, und in einer Geraden an Tafel 13 vorbei.

Diese Richtung endet vor einem Querweg, an dem zur Linken die Tafel 14 zu erkennen ist; wir aber nehmen diesen Querweg nach rechts, Richtung Diebach: Abwärts ins *Diebachtal* (einzelnes Haus), im Wald wieder bergauf, bald geteert. Genau in der Rechtskurve dieser Waldstraße an ihrer höchsten Stelle, wechseln wir gegenüber *Trimmstation 20* nach links in den Waldweg (*Trimm-Dich-Pfad* gegen die Pfeilrichtung) und spazieren bergab zurück.

27 Eupen – Westhertogenwald – Gileppe-Talsperre

Verkehrsmöglichkeiten Bushaltestelle Haas in Eupen-Unterstadt, Haasstraße.

Parkmöglichkeiten Eupen-Unterstadt, alte Malmedyer Straße (von der Bushaltestelle Haasstraße über die alte Weserbrücke).

Wegmarkierungen Hinweg: Weiß-rote Streifen (Ardennen-Eifel-Weg, GR AE). Ansonsten siehe Tourenbeschreibung.

Tourenlänge 15 Kilometer.

Wanderzeit 3 bis 4 Stunden.

Höhenunterschiede Insgesamt etwa 600 Meter. Mehrfaches Auf und Ab, jedoch keine steilen Wege.

Wanderkarte 1:25000 EUREGIO (Nr. 01).

Abkürzungen 1. Von Eupen nur bis zur Hensebergstraße gehen und von dort mit der Markierung »weißer Punkt« über Forsthaus Perkiets direkt zurück (8 km, 2 Stunden).

2. Vom Großparkplatz über der Gileppe-Talsperre starten, über die Staumauer und den beschriebenen Rückweg nehmen,

bis im Waldgebiet Brand – kurz vor Erreichen der Hensebergstraße – die weiß-rote Markierung des Hauptwanderweges angetroffen wird, mit der es – zunächst nach rechts aufsteigend – zur
Talsperre zurückgeht (6 km, 1¾ Stunden).

Anmerkung Einzige Einkehrmöglichkeit an der Strecke im
Aussichtsturm (Tour Panoramique) über der Gileppe-Talsperre.

Wissenswertes Der Hertogenwald erhielt seinen Namen von den Herzögen von Limburg. – Gileppe-Talsperre (Lac de la Gileppe), erste Talsperre Europas, 1878 vollendet und 1971 durch Erhöhung der Staumauer auf über 25 Millionen m^3 Trinkwasser vergrößert. Wahrzeichen ist der belgische Löwe (187 Sandsteine, 130 Tonnen schwer, 21,5 m hoch), der auf die neue Staumauer mitgehoben wurde.

Tourenbeschreibung Am oberen Ende der alten »Malmedyer Straße« gehen wir neben dem Schild »Kabelwerke« in die »Eschergasse« und folgen bis zur Gileppe-Talsperre den weißroten Wanderzeichen: Am Ende der Gasse links und um das Werksgelände; aufwärts durch eine Wiese und unterhalb der Nationalstraße weiter; am Waldrand (Kreuz) links abwärts und über den *Escherbach* in den *Westhertogenwald;* ansteigen und in den zweiten Weg (einen Querweg) nach links; auf diesem (zugleich markiert mit weißen Punkten) ¼ Stunde ansteigen; am Distrikt K 15 nach rechts in den festen Fahrweg *Viereichenschneise* (Allée des Quatre Chênes) abbiegen; an seinem Ende die Hensebergstraße etwa 150 Meter abwärts, dann links in das Waldgebiet *Brand*, jedoch nach etwa 200 Metern erneut scharf links abbiegen und ansteigen; oben die Verkehrsstraße nur überschreiten, 100 Meter in die *Allée de Petit Lys*, dann rechts in den Weg durch die *Pierreuse Heid* abbiegen; wo dieser (nach ¼ Stunde) eine scharfe Rechtskurve beginnt, nach links in den Waldweg, der bald als Pfad zur *Staumauer der Gileppe-Talsperre*

Gileppe-Talsperre   (Foto: Hans Naumann)

absteigt. Die weiß-rote Markierung verlängert sich über die Staumauer bis zur Aussichtsplattform Belvédère, von wo aus auch der *Aussichtsturm* erreicht werden kann. (2 Stunden)

An der Stelle, an der der Hinweg auf die Staumauer stieß, beginnt der Rückweg mit der Markierung »gelbe Punkte«: Die Service-Straße hinab bis in die erste Linkskehre; dort rechts abbiegen, wenige Schritte geradeaus, dann den Bergpfad hinauf. Auf halber Höhe zeigen die gelben Markierungen an einer Abzweigung des Pfades nach rechts; wir aber halten uns hier geradeaus bergauf. Oben wird hinter einem Pflanzgarten ein breiter Waldweg angetroffen, auf dem es nach links bergab geht.

Unten über die Verkehrsstraße schräg rechts hinweg in den beschränkten Forstfahrweg, der durch das Waldgebiet *Brand* bis ins *Hensebergbachtal* verläuft. Ab hier folgen wir den »weißen Punkten«: Die *Hensebergstraße* abwärts; unten nach rechts, am *Forsthaus Perkiets* vorbei in den Waldhang über dem *Flußtal der Weser;* nach 20 Minuten nicht links abbiegen, vielmehr auf dem bisherigen Weg wieder deutlich ansteigen, bis – wenig hinter der vorerst höchsten Wegstelle – der Hinweg erreicht ist.

Auf diesem links abwärts, wieder über den Escherbach und zurück nach *Eupen.*

28 Eupen: Kluse – Hilltal – Wesertalsperre; mit Verlängerung über Ternell

Parkmöglichkeiten   Wanderparkplatz Kluse, neben der Landstraße nach Monschau am Waldrand. – Die Tour kann auch vom Wanderparkplatz Ternell angetreten werden. Ferner ist Beginn der Wanderung vom Großparkplatz der Wesertalsperre möglich; von dort zunächst über die Staumauer, dahinter links, dann zu den Beamtenhäusern hinauf.

Wegmarkierungen   Vor allem blau, gelb und weiß-rot. Im einzelnen siehe Tourenbeschreibung.

Tourenlänge   11 Kilometer, Verlängerung 17 Kilometer.

Wanderzeit   2½ Stunden, Verlängerung 4½ Stunden.

Höhenunterschiede   Insgesamt etwa 250 Meter, Verlängerung etwa 400 Meter; bei Waldnässe schwierig.

Wanderkarte   1:25000 EUREGIO (Nr. 01).

Verlängerung   Über Ternell (in der Kartenskizze gestrichelt): Von der in der Tourenbeschreibung genannten Stelle mit gelben und weiß-roten Markierungen weiter im Hilltal bleiben und an der Hillsperre vorbei noch etwa ½ Stunde talaufwärts. Nach-

Weser

Forsthaus
Mospert

Langestal

nach
Eupen

Trinkwasser-
aufbereitung

P Touristenzentrum

Kluse

Weiher

Wesertalsperre

P Parkplatz Kluse

Forsthaus
Hill

Binster-
kanzel

Hill

N 67

Getzberg

Brand-
berg

Getzbach

West-Hertogenwald

Hillsperre

Millescheid

Hill

Natur- und Touristik-
zentrum

Forsthaus
Ternell

N 67

Ternellbach

nach
Monschau

Hill

| 0 | 0,5 | 2 km |

dem der Ternellbach überbrückt ist, geht es an den Alten Fichten vorbei bis zum wenig später scharf links aufsteigenden Forstweg, mit dessen grüner Markierung nach Ternell aufgestiegen wird. Vor den alten Gebäuden vorbei, am neuen Forsthaus von der Landstraße in eine Forststraße wechseln. Hinter deren höchster Stelle, am Beginn ihrer Rechtskurve, geradeaus (!) in den Wanderweg, bergab und unten auch über die *Getz.* Dahinter auf dem weiß-rot markierten Ardennen-Eifel-Weg (GR AE) talwärts, zuletzt über die Vorstaubrücke zu jener Forststraße, mit der es an der Ostseite der Wesertalsperre weitergeht.

Anmerkung   Rucksackwanderung. Einkehr ist nur möglich im Touristenzentrum der Wesertalsperre, in der Verlängerung auch in Ternell.

Naturpark-Information   Natur- und Touristenzentrum »Haus Ternell« (Ternell 2–3, B-4700 Eupen, Tel. [0 87] 55 23 13), eine Einrichtung der Deutschsprachigen Gemeinschaft Belgiens, gelegen an der Nationalstraße 67, in der Mitte zwischen Eupen und Monschau-Mützenich: Naturkundliches Museum (geöffnet dienstags bis freitags 10–12 und 14–18 Uhr, samstags, sonn- und feiertags 14–18 Uhr, in den Monaten Dezember bis Februar nur 14.30–16.30 Uhr); naturkundliche Bildungsstätte mit Lehr- und Lernprogrammen, Schulklassen in Zusammenarbeit mit der Jugendherberge Eupen; Geologielehrpfad sowie Naturlehrpfad zu einem natürlichen Baumgarten; geführte Wanderungen und Ausgangspunkt für abwechslungsreiche individuelle Wanderungen; im Winter Skilanglauf; Gaststätte (Caféteria).

Wissenswertes   Vor dem Bau der Wesertalsperre (siehe Tour 26) dienten die Kluse-Teiche als Trinkwasserspeicher der Stadt Eupen. Von der Hillsperre wird Wasser des vom Vennplateau kommenden Flusses Hill unter dem Brandberg hindurch in die Wesertalsperre geleitet. – Die Landstraße Eupen – Monschau (heute belgische Nationalstraße 67 bis zur deutschen Grenze) wurde 1834 unter Preußen gebaut. Aber bereits 1773 ließ Wilhelm Scheibler, der Stammvater der Monschauer Tuchindustrie, das Jagdhaus Ternell (= »zur Hill«) errichten. Das Gebäude wurde später staatliches Forsthaus und diente nach dem Ersten Weltkrieg auch als Zollamt, bis die Staatsgrenze nach dem Zweiten Weltkrieg in die Nähe von Mützenich verlegt wurde.

Tourenbeschreibung   Vom Parkplatz Kluse folgen wir der blauen Markierung: Am Waldrand bergauf; oben, hinter der Rechtskurve, links einbiegen, in den nächsten Waldfahrweg ebenfalls links und oberhalb der *Binsterkanzel* (mit Schutzhütte) vorbei ins *Hilltal;* dieses Tal (auch mit weiß-roten Markierungen) fast

½ Stunde aufwärts, bis zu einem an der linken Wegseite stehenden Betriebsgebäude (Hochspannung).

An diesem Gebäude vorbei, beginnt geradeaus die Verlängerung; für die kürzere Strecke gehen wir aber von dem Gebäude 80 Schritte zurück und biegen rechts in den gelb markierten, steilen Hangpfad ab, den wir hochkraxeln. Oben über die N 67 hinweg und blau-gelben Zeichen folgen: In einen breiten Forstweg am *Brandberg;* nach dessen Kurve noch etwa 200 Meter auf einem Waldweg, dann (Distrikte 96, 95) rechts abwärts ins *Getzbachtal.* Die Straße nach links an der Ostseite der *Wesertalsperre* entlang bis kurz vor Erreichen der Staumauer.

Mit den Markierungen blau-grün weiter: Zu den Beamtenhäusern aufsteigen; hinter Haus Nr. 57 in die obere Straße; in den Wald wieder abwärts; bereits vor dem zur Rechten stehenden Distriktstein 119 von diesem Waldfahrweg links in einen Wanderpfad abbiegen, der im Wald erst über einen Wall verläuft, später links kurvt. Am Ende dieses Weges die Gerade hinauf, an den *Kluse-Weihern* vorbei zum Parkplatz.

29 Ternell – Kutenhart im Naturschutzgebiet Steinley

Parkmöglichkeiten   Neben Ternell (in der Mitte der Nationalstraße 67 von Eupen nach Monschau-Mützenich).

Wegmarkierungen   Vereinzelt; siehe Tourenbeschreibung.

Tourenlänge   8 Kilometer.

Wanderzeit   2 Stunden.

Höhenunterschiede   Insgesamt etwa 250 Meter. Beim Hin- und Rückweg je eine kurze Steilstrecke am Getzbachtal.

Wanderkarte   1:25 000 Hohes Venn.

Anmerkung   Etwaige Zutrittsverbote zum Venn sind in Ternell angeschlagen (z. B. rote Fahne) und müssen unbedingt beachtet werden. – Bei Nässe müssen Gummistiefel angezogen werden.

Naturpark-Information   Zu Ternell siehe Tour 28.

Tourenbeschreibung   Gegenüber den alten Gebäuden *Ternell* wandern wir neben dem neuen Forsthaus in die Waldstraße. Wo deren Rechtskurve beginnt, geradeaus bergab, jenseits der Getztalstraße steiler. Unten über den *Getzbach* und nach rechts weiß-roten Markierungen folgen: Im Wald bergauf; wo der Weg nahe an den Waldrand gerät, nach rechts über den Wasserlauf des *Nahtsief,* aus dem Wald treten und der unteren Feuerschutzschneise durch das Gebiet *Benneltjen* folgen, bis (20 Minuten)

zur Anschlagtafel an dem von der Getzfurt aufsteigenden Fahrweg. (¾ Stunde)

Hier wenden wir uns nach links und durchqueren das zum *Naturschutzgebiet Steinley* zählende, stets windige Hochmoor *Kutenhart* auf dem sogenannten *Kaufmannsgraben.* In die am Ende
dieses Moorweges erreichte Querschneise nach links bis zur Anschlagtafel. Hier wechseln wir – nach links hinter der Anschlagtafel – auf einen Wanderpfad, der erneut in das Venn zieht: Anfangs auf einem vormaligen Wirtschaftsweg; wo dieser ver-
sumpft und versperrt ist, nach rechts und bis zum Waldwinkel.

Vor diesem Wald bleiben und links abwärts; der Weg gerät
weiter unten in den Waldrand und erreicht im Gebiet Benneltjen den weiß-rot markierten Hinweg. Bergab, über die Getz-
brücke und – anfangs steil – bergauf, zurück nach Ternell.

30 Um und durch das Naturschutzgebiet Brackvenn

Parkmöglichkeiten Wanderparkplatz Grenzweg (300 m vom Grenzübergang Monschau-Mützenich an der Südseite der belgischen Nationalstraße 67 nach Eupen).

Wegmarkierungen Pfähle und Schilder an den Wegverzweigungen. Die Anschlagtafel am Parkplatz unbedingt beachten!

Tourenlänge 7 Kilometer.

Wanderzeit 2 Stunden.

Höhenunterschiede Etwa 150 Meter. Leichte Wanderung.

Wanderkarte 1:25 000 Monschauer Land – Rurseengebiet (Nr. 3) oder Hohes Venn.

Hinweise Da nur Teilstrecken mit Lattenrosten gesichert sind, sollten bei großer Nässe Gummistiefel getragen werden.

Tourenbeschreibung Vom Parkplatz überqueren wir die N 67 und wandern auf einer Moorpiste in das *nördliche Brackvenn*. Nach einer Viertelstunde wird eine Abzweigung erreicht; wir halten uns hier links geradeaus, abwärts bis zur nächsten Verzweigung, noch vor dem *Getzbach*. Hier wenden wir uns nach links, im Gebiet der Getzbachquellen leicht steigend bis zum geteerten *Nahtsiefweg*.

An seinem Ende, neben dem Wanderparkplatz Nahtsief, überschreiten wir die N 67 und erleben im *Gebiet Kutzenborn* als Überbleibsel aus der Eiszeit große *Pingos* (periglaziale Ringwallweiher). An der ersten Abzweigung nicht nach rechts abbie-

Brackvenn mit Kutzenborner Pingo   (Foto: Hans Naumann)

gen, sondern erst noch mit Linkskurve weiter. Unser Moorpfad
biegt erst hinter dem vordersten Ringwallweiher rechts herum,
und wir übersteigen bald im *Platten Venn* die Reste eines Torf-
abstiches. Weiter etwas rechts herum, gibt es eine Abzweigung;
hier wenden wir uns nach links (!) und erreichen am Vennrand
eine Forststraße. Auf dieser nach links zurück zum Parkplatz.

31 Baraque Michel – Naturlehrpfad Poleur Venn; Verbindung von Mont Rigi

Verkehrsmöglichkeiten Belgische Buslinien 48a (Eupen – St.
Vith), 390 (Verviers – Rocherath) und 396 (Eupen – Malmedy).
Über Eupen bestehen tägliche Busverbindungen mit Aachen.
Parkmöglichkeiten Gegenüber Hotel Baraque Michel oder ne-
ben Restaurant Mont Rigi.
Wegmarkierungen Schilder mit 16 Tafeln.
Tourenlänge 6 Kilometer; ab Mont Rigi 4,5 Kilometer.
Wanderzeit 1¾ Stunden (reine Gehzeit).
Höhenunterschiede Etwa 200 Meter. Leichte Wanderung.
Wanderkarte 1:25000 Hohes Venn.
Verbindung Zwischen Café-Restaurant *Mont Rigi* und der
Wissenschaftlichen Station der Universität Lüttich auf festem
Weg zur Tafel 15. In diesem Fall kann ab Tafel 3 die Strecke
nach Baraque Michel ausgelassen werden (1,5 km weniger).

94

Abkürzung   Hinter Tafel 6 den Poleurbach überbrücken und direkt zurück (2,5 km weniger).

Naturpark-Information   Wanderung zum Kennenlernen des Hohen Venn. Geschichte und Natur der Hochmoore und Hochheiden werden auf 16 Tafeln und auf einem Faltblatt erklärt, das bei allen Fremdenverkehrsstellen des Gebiets erhältlich ist.

Anmerkung   Die Wege in den Mooren sind mit Lattenrosten unterlegt. Der Wegteil im steilen Waldhang Beaulou kann jedoch bei Nässe matschig und rutschig werden.

Wissenswertes   *Baraque Michel,* entstanden aus einer Rettungshütte des aus Sinzig am Rhein stammenden Schneiders Michel Schmitz (1808), 1826 Steinhaus, nach dem Bau der preußischen Landstraße Malmedy – Eupen (1856) Postrelaisstation; höchstgelegenes Hotel Belgiens; bedeutendster Ausgangspunkt für Wanderungen im Hohen Venn. Daneben Kapelle Fischbach (1830), deren Turm früher ein Leuchtfeuer enthielt. – *Mont Rigi,* 1862 als Gasthaus fertiggestellt, später auch Försterei und ab 1891 zudem meteorologische Station des Observatoriums Aachen. Neben der Gaststätte eine Wissenschaftliche Station der Universität Lüttich, 1924 erbaut, nach Kriegszerstörung 1947 vergrößert wiedererrichtet; sie dient der naturwissenschaftlichen Bearbeitung aller das Hohe Venn betreffenden Fragen.

Tourenbeschreibung   An der Straßenseite des Hotels *Baraque Michel* gehen wir zur *Kapelle Fischbach;* dahinter durch die hohe Buchenhecke und Schildern folgend nach links erst durch Gebüsch, dann Wald. An Tafel 3 ist der Rand des *Poleur Venn* erreicht, und der *Naturlehrpfad* erstreckt sich nach rechts: Auf dem Weg oder auf Lattenrosten, bald mitten in das Moor zu *Torfabstichen*, dann in das *Poleurbachtal*. Den Bach nicht überbrücken (außer für die »Abkürzung«), vielmehr sein mooriges Tal, das *Bèleu-Tal*, abwärts bis zur Straßenbrücke. (1 Stunde)

Von der Schutzhütte an der anderen Brückenseite ein paar Schritte die Straße hoch, dann links in den Waldhang *Bèleu* (oder *Beaulou*) auf einen Pfad, der bald herrliche Talblicke bietet. Wieder am *Poleur Venn,* an dieser Waldseite bleiben und anschließend durch die leuchtende Moorfläche. Von Tafel 15 kann in einem Abstecher in *Mont Rigi* eingekehrt werden; sonst geht es an der *Meteorologischen Station* (Tafel 16) vorbei weiter zur Tafel 3 und von dort auf den Hinweg.

32 Baraque Michel – Setai-Venn – Sechs Buchen – Kreuz der Verlobten

Verkehrsmöglichkeiten Belgische Buslinien 48a (Eupen – St. Vith), 390 (Verviers – Rocherath) und 396 (Eupen – Malmedy). Über Eupen bestehen tägliche Busverbindungen mit Aachen.
Parkmöglichkeiten Gegenüber Hotel Baraque Michel.
Wegmarkierungen Rundweg M 9.
Tourenlänge 12 Kilometer. Abkürzung 6 Kilometer.
Wanderzeit 3 Stunden. Abkürzung 1½ bis 2 Stunden.
Höhenunterschiede Etwa 250 Meter. Leichte Wanderung.
Wanderkarte 1:25 000 Malmedy oder Hohes Venn.
Abkürzung Den geteerten Alten Weg Malmedy – Eupen nur bis etwa 150 Meter vor der Taltiefe des Poleurbaches abwärts, dann rechts einem Schild folgend in den Alten Weg Jalhay – Hoffrai (Xhoffraix) und durchgehen, auch über den Baraquebach hinweg, dahinter wieder auf Weg M 9, direkt zum Kreuz der Verlobten. In der Kartenskizze gestrichelt.
Anmerkung Wegzehrung mitnehmen! Bei Waldnässe sollten besser Gummistiefel angezogen werden.
Wissenswertes *Sechs Buchen,* bis zu 300 Jahre alt, Naturdenkmale in der Fichtenmonotonie des Lonlou-Venn. – Der bei Mont Rigi beginnende Poleurbach und der bei Baraque Michel entquellende Vennbach (Ruisseau de Herbofaye ou de la Baraque) vereinigen sich im Gebiet Les Mousseux zur Hogne (oder Hoegne), die später als reißender Wildbach zur belgischen Weser und mit dieser in Lüttich in die Maas fließt. – *Kreuz der Verlobten* (Croix des Fiancés) François Reiff und Marie Solheid, die am 21. 1. 1871 auf dem Weg zur Besorgung der Hochzeitspapie-

re in Schnee und Wind umkamen. Die Braut fand ein preußischer Zöllner zwei Monate später an dieser Stelle; der Bräutigam verirrte sich nach Westen und erfror im Biolètes Venn. – Das Gebiet bis Baraque Michel und der Neuen Vekée entlang kam 1815 durch den Wiener Kongreß zu Preußen. Die sechskantigen Grenzsteine wurden nach der belgischen Revolution (Ausrufung des Königreiches Belgien, 1830) gesetzt.

Tourenbeschreibung An der Straßenseite des Hotels *Baraque Michel* gehen wir zur *Kapelle Fischbach,* dahinter durch die hohe Buchenhecke und vor dem Gebüsch nach links auf Weg M 9: Dem Vennrand entlang; 200 Meter in den Wald, die Rechtskurve mitmachen und etwa 1 Kilometer zwischen Wald und dem *Venngebiet Herbofaye;* am Ende der Vennlandschaft nach links in den Wald zur nahen Forststraße, dem *Alten Weg Malmedy – Eupen;* die Straße abwärts bis hinter die *Poleurbrücke,* dann davon rechts abbiegen; aufsteigend vor dem Forstgerätehaus *Baileu* vorbei und geradeaus ansteigen, auch über eine Forststraße hinweg, zum Rand des *Naturschutzgebietes Setai;* nach rechts nun diesem Vennrand entlang, auch wo er leicht knickt; am Ende des Venngebietes in dieser Richtung, nach rechts im Wald aufwärts zur nahen Forststraße; in diese für etwa 500 Meter nach links, dann mit der Markierung »weiß-rote Streifen« rechts abbiegen und abwärts zu den *6 Buchen.* (Etwa 1¾ Stunden)

Von dem Buchenrund weiter abwärts bis zum nahen Querweg im bewaldeten *Lonlou-Venn,* und in diesen nach rechts; schon nach 150 Metern leicht links abwärts; den bald querenden Fahrweg hinab, nach 200 Metern aber rechts herum; den nächsten querverlaufenden Waldfahrweg neben einem breiten Vennstreifen gerade bergab; wo sich der Fahrweg unten nach rechts und links zerteilt, geradeaus den Weg hinab und im Tal die *Hoegne* überbrücken; auf der *T'Serstevens-Straße* im *Gebiet Les Mousseux* nach rechts und den *Baraque-Bach* neben der Stelle überbrücken, an der er sich mit dem *Poleurbach* zur *Hoegne* vereinigt; neben dem Baraque-Bach, der jetzt links von uns ist, spürbarer ansteigen; weiter oben nicht rechts herum ansteigen, vielmehr nach links über den Baraque-Bach (Betonbrücke mit Rohrgeländer) schwenken; in den nächsten Weg nach rechts, der sich als Vennpfad bis vor den Moor-Hochwald verlängert; dort vom Baraque-Bach abschwenken, mithin links hinauf zu der querverlaufenden *Neuen Vekée.* (Wieder 1 Stunde)

Auf dieser Vekée nach rechts, am *Kreuz der Verlobten* (am *preußisch-belgischen Grenzstein 151*) vorbei, am Waldende vom *preußisch-belgischen Grenzstein 152* in das *Große Moor* und zurück nach Baraque Michel.

33 Baraque Michel – Naturschutzgebiete Hohes Moor und Wallonisches Venn

Verkehrsmöglichkeiten   Belgische Buslinien 48a (Eupen – St. Vith), 390 (Verviers – Rocherath) und 396 (Eupen – Malmedy). Über Eupen bestehen tägliche Busverbindungen mit Aachen.
Parkmöglichkeiten   Gegenüber Hotel Baraque Michel.
Wegmarkierungen   Schilder, Tafeln und Lattenrostwege.
Tourenlänge   11 Kilometer.
Wanderzeit   2½ bis 3 Stunden.
Höhenunterschiede   Etwa 250 Meter. Keine steilen Wege.
Wanderkarte   1 : 25 000 Hohes Venn.
Abkürzung   Von Baraque Michel direkt zur Hillquelle und das Hilltal abwärts. In der Kartenskizze gestrichelt; ½ Wanderstunde weniger.

Anmerkung Die Moorpisten sind nur teilweise durch Latten-
roste gesichert, so daß bei großer Nässe Gummistiefel von Vorteil sind. Wegzehrung mitnehmen! Nicht bei Glätte, Nebel oder
bei Gefahr eines Wettersturzes wandern!

Naturpark-Information Das Zentrum der Vennhochfläche gehört erdgeschichtlich zum frühen Altertum. Neben Quarzitfels
aus dem Kambrium sind es kambrische Tonschiefer (Phyllite),
die zu wasserundurchlässigem Ton verwitterten. Darauf bilden
Pflanzenreste jenen Humus, der im Laufe der Jahrhunderte zu
einem ständig wachsenden Hochmoor führt. So liegt die einstige
Merowingerstraße VIA MANSUERISCA an ihrer tiefsten Stelle heute etwa vier Meter unter der Oberfläche. – Hohes Moor,
Großes Moor und Wallonisches Venn bilden das größte zusam-
menhängende Moor- und Naturschutzgebiet auf der Vennhochfläche. Zwischen den Venngebieten Les Potales und Les Wéz
entspringt der Fluß Hill (La Helle), und zwar sowohl aus einer
eingefaßten Quelle (Fontaine Perigny) am preußisch-belgischen
Grenzstein 156, als auch – und vor allem – aus der Grünen
Quelle (Verdte Fontaine), die sich unter dem Wanderweg befindet. Das Wallonische Venn entwässert teilweise in die Hill; aus
seiner Fläche entquillt aber insbesondere die Rur.

Wissenswertes Priorkreuz, 1566 Gedenkkreuz, 1605 neue
Grenzfestsetzung auf Betreiben des Priors von Malmedy und
deshalb Priorkreuz genannt, 1855 im Moor wiedergefunden,
1950 von den belgischen Vennfreunden »Les Amis de la Fagne«

Kapelle Fischbach neben Baraque Michel   (Foto: Hans Naumann)

neu errichtet. – Über das Hilltal und ins Gebiet Les Wéz (= Furt, seichte Stelle) verlief einst die im 5. Jahrhundert von Merowingern erbaute Siedlungsstraße VIA MANSUERISCA. Sie wurde in Grenzurkunden Ludwig des Frommen (814) und Otto I. (950) urkundlich wieder erwähnt und bis ins 16. Jahrhundert benutzt. – Drei Grenzsteine (Trois Bornes): Preußisch-belgischer Grenzstein 157 am Wanderweg. In der Nähe der kleine Grenzstein mit den Inschriften KN-B-W (Königreich der Niederlande, Bütgenbach, Weismes) von 1815. Am Waldrand der Grenzstein mit den Aufschriften LIM(burg) und LUX(emburg) aus der Zeit (1756), als beide Herzogtümer zu Österreich (Haus Habsburg, Kaiserin Maria Theresia) gehörten. – Noir Flohay (= schwarze Büschel), Name für einen verbrannten Kiefernwald, der 1852 auf Weisung der preußischen Bezirksregierung zu Aachen versuchsweise hier angepflanzt worden war. – Die Hill ist seit Römerzeiten ein Grenzfluß; sie vereinigt sich in Eupen mit der belgischen Weser und fließt mit dieser in Maas und Rhein.

Tourenbeschreibung Vom Parkplatz gegenüber *Baraque Michel* beginnen wir die Wanderung vor den Anschlagtafeln nach rechts: Auf festem Weg in das Venngebiet *Les Potales*, Teil des *Hohen Moores;* bald am *preußisch-belgischen Grenzstein 155* (rechts im Graben) und *Priorkreuz* (links im Moor) vorbei. An der Wegegabelung dahinter nach links, tiefer in das *Hohe Moor*. Nach 10 Minuten, vor der gesperrten Zone C, rechts herum, durch das *Hilltal*. Auf einem breiteren Lattenrostweg nach links dieses Tal abwärts zum *Gebiet Drei Grenzsteine,* wo an dem hohen Sechskant ein Bach überbrückt wird. Nur gut 5 Minuten später, 150 Meter hinter einer weiteren Bachbrücke und unmittelbar vor einer nach rechts abknickenden Lattenrost-Grabenbrücke (Achtung!), in einen Pfad nach links abbiegen, der über die Hill schwenkt, an der anderen Bachseite erst parallel verläuft, dann aber hangaufwärts zieht und oben, auf der Höhe, die querverlaufende *Piste du Noir Flohay* erreicht. (1 Stunde)

In diese Piste nach rechts, durch den Rand des zerstörten Kiefernwaldes *Noir Flohay*. Kaum senkt sich der Pfad ein wenig, quert eine Doppelschneise; in diese nach rechts einbiegen und wieder hinab ins Hilltal. Neben dem Bach talaufwärts, erst im Wald, dann im Venn. An der folgenden Waldecke in den Weg nach links abbiegen, also die Hill überbrücken, auch über den Bachlauf *Ru des Waidages* und im *Wallonischen Venn* rechts aufwärts, zunächst im Venn, am Ende im Wald und zur querenden breiten Schneise *Maria-Theresia-Allee*. (Wieder 1 Stunde)

Auf dieser Schneise etwa 200 Meter abwärts, bis kurz vor einem *limburgisch-luxemburgischen Grenzstein* aus der Zeit der Kaiserin Maria Theresia (1755). An dieser Stelle nach links ansteigen, oben nacheinander über zwei Querwege hinweg und an den Rand des Venngebietes *Les Wéz*. Wir bleiben auf diesem Vennrand, also stets zwischen Wald (links) und Moor (rechts), und stoßen um drei Waldwinkel auf die mit Hölzern eingefaßte *Hillquelle* am *preußisch-belgischen Grenzstein 156.* Von dort nach links zurück, bald auf dem Hinweg.

34 Botrange – Neûr Lowé – Naturpark-zentrum – Wallonisches Venn

Verkehrsmöglichkeiten Buslinien 48a (Eupen – St. Vith) und 390 (Verviers – Rocherath).

Parkmöglichkeiten Neben der Botrange.

Wegmarkierungen Vereinzelt Schilder. Auf dem Adamsweg »M 6«, am Wallonischen Venn »R 12«.

Tourenlänge 6,5 Kilometer. **Wanderzeit** Etwa 1½ Stunden.

Höhenunterschiede   Etwa 160 Meter. Leichte Wanderung.

Wanderkarte   1:25000 Hohes Venn und Malmedy.

Anmerkung   Regelmäßig genügen nässefeste, hohe Wanderschuhe. – Einkehrmöglichkeit in der Gaststätte der Botrange. Im Naturparkzentrum gibt es warme und kalte Getränke; der Verzehr mitgebrachter Lebensmittel ist gestattet.

Naturpark-Information   Im Gebäude der Botrange (Signal de Botrange) befindet sich das offizielle Informationsbüro der staatlichen Naturschutzverwaltung Hohes Venn. Dort werden Unterlagen über zugelassene Wanderwege in den Naturschutzgebieten ausgegeben und Auskünfte erteilt. In dem etwa 1 Kilometer davon entfernten Naturparkzentrum gibt es umfassende natur- und heimatkundliche Ausstellungen mit Ton-Bild-Schau. Das Zentrum ist täglich 10–18 Uhr geöffnet. – In beiden vorgenannten Stellen können Wanderführungen bestellt sowie Wanderkarten und Wanderführer bezogen werden.

Wissenswertes   *Botrange,* Belgiens höchste Erhebung (692 m), urkundlich erstmals im Diplom des Frankenkönigs Childerich II. von 670 n. Chr. als »sicco campo« (= trockenes Feld) erwähnt. Turm (mit Wetterstation) und Gaststätte 1934 aus Stein errichtet, vorher Holzbau. Hinter der Gaststätte der Baltiahügel, den der gleichnamige Hohe Kommissar Belgiens für Eupen-Malmedy 1923 errichten ließ, um Belgien eine Erhebung von 700 Metern Seehöhe zu geben. Noch dahinter der Tranchotstein: 1801, nach dem Frieden von Luneville, ordnete Napoleon die topographische Aufnahme der Frankreich zugefallenen linksrheinischen Gebiete an. Ab 1803 wurde diese Landesaufnahme von Ingenieur-Geograph Oberst Tranchot betrieben; sie wurde nach den Befreiungskriegen vom preußischen Generalstab unter Generaloberst Freiherr von Müffling vollendet und um die rechtsrheinischen Gebiete erweitert. Die 300 Karten befinden sich bei der Stiftung preußischer Kulturbesitz; seit 1965 sind etliche von ihnen, darunter auch diejenigen für das Hohe Venn, von den deutschen Landesvermessungsämtern nachgedruckt worden und käuflich zu erwerben. – Unterhalb der Botrange entquillt im Naturschutzgebiet Wallonisches Venn die Rur.

Tourenbeschreibung An der Seite der Gaststätte *Botrange* entfernen wir uns von der Straße und wandern neben dem *Baltiahügel* sowie dem *Tranchotstein* vorbei in den Wald, erst geradeaus durch eine zumeist matschige Schneise. Auf dem nächsten Forstfahrweg nach links und die dann folgende Rechtskurve mitmachen. Wo dieser Fahrweg erneut nach links knickt, nunmehr geradeaus durch die Schneise weiter, beim Waldaustritt in das *Venngebiet Neûr Lowé*. An einem Wäldchen beginnt das Naturschutzgebiet, und ein Moorweg führt hinab auf den befestigten *Adamsweg*. Auf diesem nach links, mit dem Zeichen M 6 zum *Naturparkzentrum*. (Knapp 1 Stunde)

Vom Parkplatz weiter zum Forsthaus. Die Nationalstraße nach links oberhalb überqueren und auf einem Weg in den Wald *Bois de Sourbrodt*. An der Verzweigung des Weges nach links und (Weg R 12) am Rand des *Wallonischen Venn* ansteigen, bis von einer Anschlagtafel durch den Randwald zur *Botrange* zurückgekehrt werden kann.

35 Botrange – Naturlehrpfad Poleur Venn – Baraque Michel

Verkehrsmöglichkeiten Buslinien 48 a (Eupen – St. Vith) und 390 (Verviers – Rocherath).
Parkmöglichkeiten Neben der Botrange.
Wegmarkierungen Vereinzelt; siehe Tourenbeschreibung.
Tourenlänge 9 Kilometer, mit Naturlehrpfad 13 Kilometer.
Wanderzeit 2½ Stunden, mit Naturlehrpfad etwa 4 Stunden.
Höhenunterschiede Insgesamt etwa 150 Meter, mit Naturlehrpfad 250 Meter. Leichte Wanderung.
Wanderkarte 1:25 000 Hohes Venn.
Hinweise Bei Nässe sind Gummistiefel von Vorteil. – Einkehrmöglichkeit unterwegs im Café-Restaurant Mont Rigi (Abstecher) sowie im Restaurant Baraque Michel.

Naturpark-Information   Zum Naturlehrpfad Poleur Venn sowie zur Baraque Michel siehe Tour 31.

Tourenbeschreibung   An der Seite der Gaststätte *Botrange* entfernen wir uns von der Straße und wandern auf Weg R 12 neben dem *Baltiahügel* sowie dem *Tranchotstein* zum Hochwaldrand. Geradeaus in diesen Wald hinein, folgen wir nun weiß-roten Streifen: Bis zum Waldaustritt vor dem *Neûr Lowé Venn;* dort nach rechts am Waldrand weiter zur N 68, die überschritten wird; durch einen Waldstreifen an den Rand des *Poleur Venn;* diesem Rand auch nach links entlang, bis auf den Lattenrostweg des *Naturlehrpfades Poleur Venn* aufgestiegen werden kann; in den Lehrpfad nach rechts, bis zur Tafel hinter *Mont Rigi* (wohin zur Einkehr abgebogen werden kann), und an Tafel 16 (Wetterstation) vorbei zur Tafel 3 weitergehen.

Wer den ganzen Lehrpfad abgehen will, muß sich hier links halten (Richtung Tafel 4, beschrieben bei Tour 31); sonst geht es nach rechts auf einem festen Wanderweg zur *Kapelle Fischbach* und nach *Baraque Michel.*

Der Rückweg beginnt am Parkplatz gegenüber Baraque Michel: Vor den Anschlagtafeln nach rechts in das *Venngebiet Les Potales;* am Rand des *Hohen Moores* bald zwischen dem *preußisch-belgischen Grenzstein 155* (rechts im Graben) und dem *Priorkreuz* (im Abstand zur Linken) vorbei; dahinter geradeaus (nicht links abbiegen) zur *Hillquelle* am *preußisch-belgischen Grenzstein 156;* nach rechts auf den Vennrand und diesen um das *Venngebiet Les Wéz* um alle drei Waldwinkel (Wald rechts, Venn links) beibehalten.

Poleur Venn   (Foto: Hans Naumann)

Am Ende des Schutzrandes links nacheinander über zwei Querwege und abwärts zu einer querverlaufenden Schneisenstrecke, der *Maria-Theresia-Allee.* Links sehen wir einen *limburgisch-luxemburgischen Grenzstein* aus der Zeit der Kaiserin Maria Theresia (1755), als beide Herzogtümer zum Habsburgischen Reich gehörten; nach rechts gehen wir die lange, gerade *Maria-Theresia-Allee* aufwärts. Wo sie oben in den Wald eintreten will, nach links auf dem Feuerschutzrand des *Wallonischen Venn* bleiben, bis der Zugang zur *Botrange* erreicht ist.

36 Botrange – um und durch das Wallonische Venn

Verkehrsmöglichkeiten   Buslinien 48a (Eupen – St. Vith) und 390 (Verviers – Rocherath).
Parkmöglichkeiten   Neben der Botrange.
Wegmarkierungen   Tafeln und Schilder. Ab Clefaye weiß-rote Streifen, am Ende R 12. Siehe Tourenbeschreibung.
Tourenlänge   11 Kilometer.
Wanderzeit   3 bis 4 Stunden, je nach Nässe.
Höhenunterschiede   Insgesamt etwa 320 Meter. Stärkerer Anstieg bei Raquesprée, sonst nur mäßig auf und ab.
Wanderkarte   1:25000 Hohes Venn.
Anmerkung   Bei auch nur geringer Nässe sollten Gummistiefel angezogen werden. Der Wanderpfad an der unteren Hill erfordert einige Mühsal, da Quellgänge, Moortümpel, Hochwasserausspülungen und Waldschäden überwunden werden müssen. Wegzehrung mitnehmen!
Wissenswertes   Zur Hill sowie zu den Drei Grenzsteinen siehe bei Tour 33.
Tourenbeschreibung   Vom Aussichtsturm wandern wir schräg links über die Nationalstraße und durch den Waldeinschnitt an den Rand des naturgeschützten *Wallonischen Venn*. Auf diesem Rand nach links, um alle Waldecken, bis zu der querverlaufenden *Maria-Theresia-Allee*. Auf dieser abwärts bis ins *Gebiet Drei*

Hilltal zwischen Hohem Moor und Wallonischem Venn   (Foto: Hans Naumann)

Grenzsteine im *Hilltal.* Am preußisch-belgischen Grenzstein 157 (hoher Sechskant) Richtung Eupen über den Bach und anschließend das Hilltal etwa 1 Stunde abwärts, zuletzt links des Bachlaufs, bis im *Gebiet Raquesprée* der Wald auch von rechts an den Bach herantritt. (Etwa 2 Stunden)

Hier überbrücken wir die Hill und steigen am jenseitigen Waldrand den Schutzgürtel des Wallonischen Venn an, auch an der einsamen *Buche Clefaye* vorbei und bis zur Forststraße auf der *Höhe Clefaye.* Auf dieser Forststraße nach rechts, durch ihre Rechtskurve und noch 350 Meter weiter, bis am rechten Wegesrand ein kleines Steinkreuz auffällt, das *Croix L. Christiane.* Neben diesem Kreuz wechseln wir von der Straße in den Wald und folgen den weiß-roten Wanderzeichen des Hauptwanderweges »Vesdre« (Weser): Auf einem Pfad durch den Wald bis vor das Naturschutzgebiet Wallonisches Venn; nach links dessen Feuerschutzrand entlang, auch durch den Rechtsknick, abwärts, über die junge *Rur* und wieder aufwärts bis zum obersten Winkel des *Sourbrodter Waldes* (Anschlagtafel). Dort wenden wir uns nach rechts auf den Wanderweg R 12, der zum Waldeinschnitt gegenüber dem Turm der Botrange zurückführt.

37 Naturparkzentrum Botrange – G'hâsterbach-Schlucht – Bayehon mit Wasserfällen

Verkehrsmöglichkeiten Buslinien 48a (Eupen – St. Vith) und 390 (Verviers – Rocherath) bis Botrange/Maison Forestière.
Parkmöglichkeiten Am Naturparkzentrum. (Die Zufahrt von der N 676, 400 m südlich Signal de Botrange, ist beschildert.)
Wegmarkierungen Weg M 6.
Tourenlänge 10 Kilometer, mit Verlängerung 11,5 Kilometer.
Wanderzeit Etwa 3 Stunden.
Höhenunterschiede Insgesamt etwa 400 Meter. Bergwanderung mit stellenweise kräftigen An- und Abstiegen.
Wanderkarte 1:25 000 Malmedy.
Verlängerung Zur Gaststätte Bayehon-Mühle (Moulin de Bayehon): Von der Einmündung des Baches G'Hâster in den Bayehonbach das Tal des letzteren noch ¼ Stunde auf Weg M 6 abwärts wandern, auch über die Straße Longfaye – Ovifat hinweg. Der gleiche Weg muß auch zurückgegangen werden.
Hinweise Die engen Bachschluchten und zahlreichen Brückchen erfordern hohe Bergwanderschuhe – bei Nässe besser

Gummistiefel – mit griffigen Stollenprofilsohlen! Einkehr ist nur bei Verlängerung bis zur Bayehon-Mühle möglich. – Bei Schneelage und Glatteis eine andere Wanderung wählen!

Wissenswertes Zum Naturparkzentrum siehe Tour 34. – Der G'hâster entstand wie der Bayehon als Schmelzbach des einstigen Gletschers auf dem Hohen Venn; zur Entstehung dieser Sturzbäche, ihrer Kaskaden und Wasserfälle siehe auch Tour 38. – *Alte Eiche* im Longfaye Venn (»Tschâne as tschâne«, die »Eiche aller Eichen«), über 500 Jahre alt und die berühmteste Eiche im Hohen Venn; einst ein Wegzeichen an der Alten Eisenstraße, auf der vom 15. bis 18. Jahrhundert im Schleidener Tal gewonnenes Eisen nach Franchimont (Theux) und Lüttich transportiert wurde, in preußischer Zeit mehr Schmuggelware aus Belgien in die preußische Wallonie.

Tourenbeschreibung Vom *Naturparkzentrum* ein paar Schritte auf das Forsthaus an der Nationalstraße zu, biegen wir nach rechts auf Weg M 6 ab: Lang-gerade abwärts, auch über eine Forststraße hinweg; vor der nächsten Forststraße rechts abbiegen und die Forststraßenverzweigung *(Alte Eisenstraße)* nur überqueren; neben den Quellgräben des *G'hâsterbaches* weiter abwärts, auch auf einem Trimm-Parcours; unterhalb rechts abschwenken, erst über, dann neben einem tiefen Bachgraben; am Beginn einer Straße den Graben überbrücken und nun an seiner rechten Seite talwärts; weiter unterhalb den *G'hâster* noch mehrfach überqueren, so vor dem Skilift von Ovifat auf einer befahrbaren Brücke auf die linke Bachseite, unterhalb der Talstation noch einmal auf die rechte, und noch dreimal bis zur Einmündung des G'hâster in den *Bayehon.* (¾ Stunde)

Wer hier nicht bis zur nicht mehr weit entfernten Bayehonmühle verlängert, muß nun auf Weg M 6 im Bayehontal aufsteigen: Erst auf einem Waldfahrweg; wo dieser vor den *Wasserfällen* links kurvt, direkt bergauf; mit der querenden Forststraße abwärts bis vor die Bayehonbrücke, zwischen Brücke und Schutzhütte nach links und neben den *Kaskaden* bergauf; vom Waldende auch durch ein verwachsenes *Wacholdergebiet im Longfaye Venn;* die *Alte Eisenstraße* neben der Brücke überqueren und an der *berühmtesten Eiche im Hohen Venn* vorbei; bald in den Wald, wo der Bayehon mehrfach überquert wird; eine Forststraße aufwärts bis zur N 68.

An deren Rand nach rechts; rechts in den *Adamsweg* (alter Weg Hockai – Kalterherberg) einbiegen, jenseits des Bayehon durch das *Neûr Lowé Venn* und durch den Wald zurück zum *Naturparkzentrum.*

38 Zu den Wildbächen rund um Solwaster

Parkmöglichkeiten Passerelle de Belleheid. Von der Ausfahrt Sart (der Autobahn Verviers – Malmedy – St. Vith – Prüm) etwa 600 Meter Richtung Malmedy, dann dem Richtungsschild »La Hoëgne« folgend zu den Gaststätten Belleheid an der Hogne einbiegen. Der Parkplatz befindet sich hinter der Bachfurt! – Die Wanderung kann auch am westlichen Ortsende von Charneux begonnen werden.

Wegmarkierungen Weiß-rote Zeichen (Hauptwanderwege 5 und 5731).

Tourenlänge 15 Kilometer. **Wanderzeit** Etwa 4 Stunden.

Höhenunterschiede Insgesamt etwa 600 Meter. Bergwanderung mit mehreren steilen und gedehnten Auf- und Abstiegen.

Wanderkarte 1:25000 Commune de Jalhay oder Belgienkarte Blatt 50/1–2 (Sart – Hoffrai). Ansonsten nur 1:50000 Deutsch-Belgischer Naturpark, Nordteil.

An der wilden Hogne (Hoegne) (Foto: Hans Naumann) ▶

Anmerkung Eine Wanderung im am weitesten westlich gelegenen Teil des Naturparks. Bei Trockenheit genügen Bergwanderschuhe, bei Nässe müssen Gummistiefel mit guten Stollenprofilsohlen getragen werden. Bei Eis und Schnee sowie bei Hochwasser ist die Strecke nicht begehbar. – Einkehrmöglichkeiten in Belleheid und in Charneux.

Wissenswertes Zur wilden Hogne siehe Tour 32. Der Sturzbach Statte beginnt im Gebiet des Wihonfagne (= Bienenvenn), in dem die Imker aus Solwaster früher ihre Bienenkörbe aufstellten. Der Bach Sawe entquillt einem großen Eiszeitweiher (sog. Pingo) im Großen Moor. Unweit davon beginnen auch die Bachläufe Pironcheneu und Taureau, die gemeinsam das Flüßchen Dieson bilden. Die Stellen, an denen alle diese Wasser in tief eingeschnittene Schluchten stürzen (etwa Höhe 500 m), entstanden aus den Schmelzhöhlen des einstigen Gletschers auf dem Hohen Venn. – Zwei Steine mit der Inschrift »FDP« (= Forêt du Prince), Waldgrenzsteine (18. Jh.), gesetzt auf Anordnung des Fürstbischofs von Lüttich (Prince-Evêque de Liège).

Tourenbeschreibung Wir folgen den weiß-roten Markierungen: Von den Gaststätten *Belleheid* über die *Hogne* auf den Parkplatz und schräg links den Hohlweg hinauf; die Straße oberhalb Solwaster aufwärts, in einer Linkskurve vor der *Kreuzigungsgruppe Calvaire* vorbei, dahinter sogleich wieder rechts in den Heckenweg; am *Dolmen (keltisches Grab)* vorbei und wenig später eine Schlucht hinab zur *Statte;* bachaufwärts zum Felsabbruch *Bilisse,* der steil angestiegen werden muß; oben in die Waldstraße nach links, abwärts am Waldrand mit Freiblick über Solwaster, unterhalb rechts einbiegen und in das Tal der *Sawe;* wieder ansteigen, oben in eine lange Gerade, von der aber bald (Achtung!) rechts abgehoben wird zum *Forsthaus Gospinal;* vor dem Forsthaus links vorbei in den Waldweg, am Ende der Wiesen rechts ausbiegen und ins *Disontal;* gerade aufsteigen, bald von einem Wiesendurchlaß zum andern und nach *Charneux.* (2 Stunden)

Weiter mit gleicher Markierung: Am westlichen Ortsrand abwärts, unten links abbiegen und bald eine Schlucht hinab, von der aber (Obacht geben!) später links in einen Hangpfad ausgewichen wird, der hinab ins *Hognetal* führt. Dort biegt der weißrot gezeichnete Hauptwanderweg nach rechts (nach Spa), während wir auf dem breiten Talweg nach links wandern, bald über den *Dison* (Bachbrücke) und etwas bergauf.

Nach etwa 200 Metern nicht geradeaus ins Hognetal gehen; wir haben vielmehr wieder einen Hauptwanderweg getroffen und nehmen dessen weiß-rote Zeichen jetzt nach links aufwärts: Im Hang über der *Hogne,* dann abwärts und auf einer Brücke über die *Statte,* die sich vorher mit der Sawe vereinigt hat; hinter der Brücke ein paar Schritte rechts, aber schon vor dem Campingplatz zwischen den Zäunen einbiegen und das *Hognetal* im Wald *Roslin* aufwärts bis zur Straße nach Solwaster; diese abwärts bis vor die Brücke, dann erneut rechts abbiegen und nochmals das *Hognetal* hoch nach *Belleheid.*

Kreuz der Verlobten und preußisch-belgischer Grenzstein 151 (Foto: H. Naumann)

39   Hockai – Sechs Buchen – Vekée; Verbindung von Baraque Michel

Verkehrsmöglichkeiten   Zufahrt (auch von Deutschland kommend) über die belgische Autobahn A 27 (Verviers – Malmedy – St. Vith – Prüm), Ausfahrten Sart oder Francorchamps.

Parkmöglichkeiten   Wanderparkplatz Passerelle du Centenaire, unterhalb Hockai an der Hogne. (Zufahrt zum Parkplatz am westlichen Ortsschild zur Hogne).

Wegmarkierungen   Weiß-rote Balken (Hauptwanderweg, GR 5) bis 6 Buchen. Ab dort M 9 bis zur Vekée. Der Rückweg auf der Vekée ist nicht markiert, aber auch nicht zu verfehlen.

Tourenlänge   13 Kilometer. Von und nach Baraque Michel 17 Kilometer.

Wanderzeit   3 Stunden. Baraque Michel 4 Stunden.

Höhenunterschiede   Insgesamt etwa 450 Meter. Nur sanfte Steigungen und Gefälle.

Wanderkarte   1:25 000 Hohes Venn und Malmedy.

Verbindung   Von Baraque Michel: Zur Kapelle Fischbach, dahinter nach rechts durch das Große Moor; auf der Vekée zur Waldecke am preußisch-belgischen Grenzstein 152 und weiter, auch am Kreuz der Verlobten vorbei. Von dort am Ende auf der gleichen Piste zurück.

Anmerkung   Rucksackwanderung. Bei Nässe sollten Gummistiefel angezogen werden.

Wissenswertes   Die unterhalb des Parkplatzes benutzte Brücke über die Hogne, die Pont du Centenaire, wurde 1930 zur Jahrhundertfeier des Bestehens des Königreiches Belgien (belgische Revolution 1830, Abtrennung vom Königreich der Niederlande) errichtet. – Der Name »Vekée« stammt von évêque (= Bischof) und bedeutet Bistumsgrenze. Tatsächlich war nur das Ende des Wanderweges einst Grenze zwischen den Bistümern Lüttich und Köln; die schneisenartige Strecke ab Baraque Michel und bis zu dem preußisch-belgischen Grenzstein 148 wird deshalb zu Recht auch »falsche« oder »neue« Vekée genannt.

Tourenbeschreibung   Wir folgen dem weiß-rot markierten Hauptwanderweg: Nicht abwärts zur Hogne, vielmehr den Feldweg unterhalb des einzelnen Hauses hinauf; oben die Ortsstraße aufwärts, in die Verkehrsstraße nach links; nach 250 Metern vor dem *Naturfreundehaus* links abbiegen, auf die von einzelnen Hausgrundstücken gesäumte *Alte Eisenstraße* und in den Wald; diese Gehrichtung für etwa ½ Stunde beibehalten, nur im oberen *Fagne de Xhoffraix* (Hoffrai-Venn) mit einem Linksknick. Dann zeigt die weiß-rote Markierung nach rechts zu den *Sechs*

Les Wés

N 68

Kapelle Fischbach

Café-Restaurant
NSG Mont Rigi

Poleur Venn

Neûr Lowé

Naturschutzgebiet

Baraque Michel

Großes Moor

Baroubach

Marmedy-Eupen

Alter Weg

Grenzstein 152

Kreuz der Verlobten

Alter Weg Jalhay-Hoffrai

Poleurbach

Setai Venn

Natur-
schutz-

89 N

89 N

1 km

0

gebiet

Grenzstein 151

Neuer Weg

Sechs Buchen

Lonlou-Venn

Grenzstein 150

Hoegne

Grenzstein 149

Hoffrai-Venn
Fagne de Xhoffraix

Grenzstein 148

Passerelle du
Centenaire

P

Naturfreundehaus

Alte Eisenstraße

Hockai

Baronhé

N

Buchen, die in einem Abstecher aufgesucht werden können. (1 Stunde)

Die Wanderung setzt sich indes in der bisherigen Richtung (also von den Sechs Buchen zurückkehrend nach rechts) auf Weg M 9 fort: Im bewaldeten *Lonlou-Venn* schon nach 150 Metern leicht links abwärts, den bald querenden Fahrweg hinab, nach 200 Metern aber rechts herum; den nächsten querverlaufenden Waldfahrweg neben einem breiten Vennstreifen gerade bergab; wo sich der Fahrweg unten nach rechts und links zerteilt, geradeaus den Weg hinab und im Tal die *Hogne* überbrücken; auf der *T'Serstevens-Straße* im *Gebiet Les Mousseux* nach rechts und den *Baraque-Bach* neben der Stelle überbrücken, an der er sich mit dem *Poleurbach* zur *Hogne* vereinigt; neben dem Baraque-Bach, der jetzt links von uns ist, spürbarer ansteigen; weiter oben nicht rechts herum ansteigen, vielmehr nach links über den Baraque-Bach (Betonbrücke mit Rohrgeländer) schwenken; in den nächsten Weg nach rechts, der sich als Vennpfad bis vor den Moor-Hochwald verlängert; dort vom Baraque-Bach abschwenken, mithin links hinauf zu der querverlaufenden *Neuen Vekée*. (Wieder 1 Stunde)

Auf dieser Vekée 150 Meter nach rechts, kann in einem Abstecher das *Kreuz der Verlobten* am *preußisch-belgischen Grenzstein 151* aufgesucht werden; die Wanderung setzt sich indes auf der Vekée nach links fort und behält diese alte Grenzlinie bis zur Hogne bei: Nach 10 Minuten am *preußisch-belgischen Grenzstein 150* vor der *Buche Windiette* vorbei; nach einem Linksknick durch jüngere Fichten, in denen sich der Grenzstein 149 verbirgt; hinter einem Tümpel (rechts, mit Steinen abgesichert) ein Stück fester Weg, am *preußisch-belgischen Grenzstein 148* (zur Linken) vorbei und bis zum Anfang einer nach rechts abziehenden Waldstraße; geradeaus (wieder als Waldweg) auf der *alten Lütticher Bistumsgrenze* zunehmend und bald hohlwegartig bergab.

Am Ende die *Hogne* durchwaten oder auf der *Pont du Centenaire* überbrücken und die Straße hinauf zum Parkplatz.

40 Trô Maret Brücke – Sechs Buchen – Targnonbach und Rotwasser

Parkmöglichkeiten Wanderparkplatz an der Straße von Hokkai nach Malmedy-Mont, neben der Brücke über den Trô Maret Bach. (Von der N 68 Eupen – Malmedy kommend am Hotel »Auberge de la Fagne« Richtung Hockai abbiegen.)

Wegmarkierungen Am Anfang und Ende Weg XI, sonst Weg XV. Streckenweise zugleich weiß-rote Balken (Hauptwanderweg, GR 5).

Tourenlänge Etwa 13 Kilometer.

Wanderzeit 3½ bis 4 Stunden.

Höhenunterschiede Etwa 400 Meter. Keine steilen Wege.

Wanderkarte 1:25000 Malmedy.

Anmerkung Besonders abwechslungsreiche Rucksackwanderung! – Bergschuhe – bei auch nur geringer Nässe besser Gummistiefel – mit griffigen Stollenprofilsohlen anziehen.

Wissenswertes *Trô Maret* (= Sumpfloch), nur 6 Kilometer langer Vennbach, der im Sommer nahezu austrocknen kann, bei

Wanderer in den Mooren des Hohen Venn (Foto: Hans Naumann)

118

stärkerem Regen aber schnell zum reißenden Sturzbach wird. In
seinem Bachbett sind bei Niedrigwasser die rostroten Quellen
»Puhon des Cuves« zu erkennen; sie sollten Malmedy einmal
zur Badestadt machen, ein Vorhaben, das sich als nicht er-
schwinglich erwies. – Ehemalige (1994 abgebaute) *Negushütte*
(Cabane du Negus), einst die Hütte des aus Stavelot stammenden Professors Léon Rinquet (1891–1974), wegen seines schwarzen Bartes »Negus« genannt, der als »Aussteiger« vor etwa 60
Jahren in diese Einöde zog. Er starb verarmt, jedoch ob seiner
Naturliebe geehrt, und hat auf dem Friedhof von Hoffrai (Xhoffraix) eine würdige Grabstätte. – Vom Delvoie Kreuz bis zum
Rotwasser verläuft die Wanderung entlang der *preußisch-belgischen* Grenze, die von 1830 bis 1918 galt und im Zweiten Weltkrieg vorübergehend auch deutsch-belgische Staatsgrenze war.
Die Grenzlinie wurde ab 1839 mit Grenzsteinen versehen, auf
denen B (Belgien), P (Preußen) und die Stein-Nummer eingra-

viert sind. Zwei dieser Grenzsteine, davon dasjenige am Delvoie Kreuz, sind als Achtecke bekannt, alle anderen sind fast 1,50 Meter hohe Sechskantsteine. – Gedenkplatte für den 1935 verstorbenen Professor Baron *Léon Frédéricq,* der das Hohe Venn 1904 erstmals öffentlich als Eiszeitlandschaft bezeichnete, die einzigartige Tier- und Pflanzenwelt des Venn erkundete und als »Vater des Naturschutzes« in Belgien angesehen werden kann.

Tourenbeschreibung Vom Parkplatz folgen wir Weg XI und den weiß-roten Markierungen an der östlichen Bachseite des *Trô Maret* talaufwärts bis zur Brücke für Wanderer.

Den Bach über- oder durchqueren und weiter auf Weg XV (auch weiß-rot): Im *Naturschutz- und Venngebiet Frêneu* neben dem Wald (zur Rechten) aufwärts, vom oberen Waldende etwas nach rechts zur einstigen *Negushütte (Cabane du Negus);* nach links, in einem Moorwäldchen über Wassergräben und zur nächsten Fichtenwaldecke. Von hier verläuft der weiß-rot gezeichnete Hauptwanderweg am Waldrand weiter bergauf, während wir auf Weg XV bleiben: Nahezu eben auf dem oberen Schutzrand des *Frêneu Venn* bis zu dessen Linksknick, 80 Meter vor seinem Ende; rechts die Waldschneise hinauf, am Stein M (= einstige westliche Nutzungsgrenze des Ortes Hoffrai) auch um den Rechtsknick, bis zur Forststraße auf der Höhe; in diese nach rechts, bereits in den nächsten Weg aber wieder nach links und abwärts zu den ehrwürdigen *Sechs Buchen* im Moorwaldgebiet *Lonlou.* (1 Stunde)

Weiter auf Weg XV (auch wieder weiß-rot): Abwärts; in den Querweg nach links; an einer windschiefen Buche über den aufsteigenden Waldfahrweg hinweg. Etwa 10 Minuten später auf das Ende eines Fichtenwaldes zur Linken achten: Der weiß-rot markierte Hauptwanderweg verläuft weiter geradeaus (nach Hockai), während wir nach links abbiegen und nur noch Weg XV – entlang der *einstigen preußisch-belgischen Grenze* – folgen: Ansteigen und bald am *Delvoie Kreuz* neben dem achteckigen *preußisch-belgischen Grenzstein 147* vorbei; hinter dem Scheitelpunkt des Weges die Straße Hockai – Mont überqueren und in einen Waldfahrweg, neben dem bald der Bach *Targnon* plätschert; der Weg setzt sich als Pfad fort, etwa ab dem *Grenzstein 143* vor allem links des Baches, auch an der *Schutzhütte Eau Rouge* vorbei (wenig unterhalb auf der anderen Bachseite der markante Felsstock mit der *Gedenkplatte für Baron Léon Frédéricq!*) und bis zum jungen *Rotwasserbach (Eau Rouge)* neben dem *Grenzstein 142.* (Ab Sechs Buchen 1½ Stunden)

Immer noch Weg XV: Den Rotwasserbach überqueren und bis zum nahen Fahrweg ansteigen; auf diesem nach links um den

Waldkopf *Les Planerèces,* bis die Markierung, auf die der Wanderer hier angewiesen ist, nach links abwärts in das Venn weist; dort wird das *Rotwasser* im *Gebiet Les Chôdires* (= Quellkessel) des *Naturschutzgebietes Duzos Moûpa* (= unterhalb des Waldberges Moûpa) überquert und an der anderen Bachseite erst zu den bestaunenswerten *Frédéricq-Eichen (Les Chênes Frédéricq)*, dann zu einer Waldstraße aufgestiegen; in diese Straße nach rechts, bis sie am *Venn- und Naturschutzgebiet Boltéfa* den Sturzbach *Trô Maret* überbrückt hat. – Unmittelbar hinter der Brücke nach links abbiegen, durch den Graben und neben dem Trô Maret talaufwärts, zurück zum Parkplatz.

41 Naturschutz- und Venngebiete Longfaye, Neûr Lowé, Setai und Frêneu

Parkmöglichkeiten   Parkfläche neben der Kurve der Nationalstraße 68 (Eupen – Malmedy), etwa in der Mitte zwischen Mont Rigi und Auberge de la Fagne (dem höchstgelegenen Haus von Mont).

Wegmarkierungen   Wechselnd; siehe Tourenbeschreibung.

Tourenlänge   10 Kilometer.

Wanderzeit   2½ bis 3 Stunden, je nach Nässe.

Höhenunterschiede   Etwa 300 Meter. Keine steilen Wege.

Wanderkarte   1:25000 Malmedy.

Anmerkung   Feste, hohe Wanderschuhe anziehen, bei Nässe besser Gummistiefel. Keine Einkehrmöglichkeit.

Wissenswertes   Zur Negushütte siehe Tour 40; zur Alten Eiche im Longfaye Venn siehe Tour 37.

Tourenbeschreibung   Vom Parkplatz wandern wir neben der N 68 Richtung Malmedy etwa 180 Meter abwärts und biegen schräg gegenüber dem Kilometerstein 32 nach links in einen Waldfahrweg, um Weg M 8 zu folgen: Im Waldgebiet um *Trois Hêtres* gerade ansteigen bis zum Ende dieser Linie, erst dort rechts in den Forstfahrweg; an der nächsten Verzweigung auf diesem Fahrweg wieder links – durch das bewaldete *Tirifayevenn* –, oben die Linkskurve mitmachen und kerzengerade abwärts bis zum Knick im Anblick einer Wiese.

Hier wechseln wir auf Weg XVI, nach links dem Waldrand entlang in das *Naturschutzgebiet Longfaye Venn,* abwärts bis vor den *Bayehonbach.* In einem Abstecher sollte neben dem Bach abwärts bis zu der berühmten *500jährigen Eiche* gegangen werden.

Die Wanderung setzt sich indes bachaufwärts mit Weg M 6 fort: Im Wald den Bach mehrfach überqueren, zuletzt einen Forstfahrweg hoch und am Rand des *Naturschutzgebietes Neûr Lowé* zur N 68. An der anderen Seite der Nationalstraße nach links, dann rechts abbiegend dem *Naturschutzgebiet Setai* entlang, und zwar – den Wald stets zur Rechten lassend – auch um den Linksknick und als Weg M 9 durch die lange Gerade. An deren Ende auf Weg M 9 nach rechts durch eine Waldschneise zur Forststraße im *Lonlou* und auf dieser nach links, aber nur bis zur nächsten Abzweigung. – Hier wechseln wir nach links in den weiß-rot gekennzeichneten Hauptwanderweg 5: Erst durch den Wald, dann neben seinem Rand abwärts; in ein Gebüsch nach links und von der einstigen *Negushütte* (*Cabane du Negus,* siehe Tour 40) im *Frêneu Venn* abwärts; unten den *Trô Maret Bach* überqueren. Hinter der Brücke geradeaus (!) auf Weg XV ansteigen, erst im Venn, dann im Wald und bald zum Trinkwasserreservoir ausbiegen. Hier verlassen wir Weg XV und bleiben auf dem zum Reservoir führenden Fahrweg bis zur nahen N 68, an deren Rand es aufwärts zum Parkplatz zurückgeht.

42 Sourbrodt – um den Rurbusch und von Venn zu Venn (kleine und große Tour)

Parkmöglichkeiten Sourbrodt-Vergade. (Von der Kirche in die »Rue de Bosfagne«, über die Kleine Rur durchfahren bis zur Waldecke und dort abwärts bis vor die Schranke.)

Wegmarkierungen S 1 bis hinter Nesselo, sonst keine.

Tourenlänge 12 oder 14 Kilometer.

Wanderzeit 3 oder 4 Stunden.

Höhenunterschiede 400 oder 450 Meter. Keine steilen Wege.

Wanderkarte 1:25 000 Hohes Venn.

Anmerkung Vor dem Start die Anschlagtafel beachten: Wenn das Venn (etwa wegen Brandgefahr) gesperrt ist, eine andere Wanderung wählen! – Fest, hohe Wanderschuhe anziehen. Rucksackverpflegung.

Wissenswertes Sourbrodt (Gemeinde Weismes), benannt nach Johan Sourbroit, der 1534 dort die Herberge »zum Broich« erbaute. – Kaltenborner Forststraße, Trasse einer einstigen Eisentransportstrecke und daher auch »Eisenstraße« genannt. – Die Schutzhütte La Béole (= Birkhuhn) trägt den Namen des Symboltieres des belgischen Naturparks Hohes Venn/Eifel im Deutsch-Belgischen Naturpark. – Das Kreuz der Gefangenen markiert die Stelle eines Lagers mit 52 russischen Kriegsgefangenen (1941–44), die als Arbeiter eingesetzt waren.

Nesselo oder Zwischenbuschvenn   (Foto: Hans Naumann)

Tourenbeschreibung Vom Parkplatz folgen wir zunächst Weg
S 1: Ab der Schranke die Straße abwärts; hinter der *Rurbrücke
Bosfagne* rechts abbiegen, neben dem *einstigen Kriegsgefange-
nenlager* (Kreuz und Gedenkstätte) vorbei und an der Wegver-
zweigung vor dem Wald nach rechts ins *Naturschutzgebiet Rur-
venn;* mit diesem Fahrweg über die Waldhöhe und durch das
Naturschutzgebiet Nesselo (oder *Zwischenbuschvenn*); ist der
Scheidbach überschritten, geht es rechts herum und zu einer
Forststraße.

Diese Straße ein wenig aufwärts, jedoch am Beginn des Laub-
waldes nach rechts abbiegen und am Laubwaldrand durchgehen.

Vor dem *Naturschutzgebiet Herzogenvenn* einige Schritte abwärts, das Venn jedoch 50 Meter oberhalb eines Zaunes auf Lattenrosten durchqueren. An der anderen Vennseite den Pfad durch den Laubwald beibehalten bis zur nächsten Forststraße.

Diese (Wanderweg 7) aufwärts, oben neben dem *Landschaftsschutzgebiet Rurbusch* am Rand des *Naturschutzgebietes Schwarzes Venn* entlang. Die am Ende angetroffene Querstraße im *Staatswald Küchelscheid* nach rechts, durch eine Senke und wieder etwa 120 Meter aufwärts; dann links einbiegen und den Waldweg hinab zum *Schwarzbachstausee*. (1¼ Stunde)

Über den Staudamm. Mit dem querenden Fahrweg nach links durch das *Bergervenn;* später nicht rechts die *Haard* (= Bergwald) hinauf, vielmehr auf diesem Fahrweg geradeaus weitergehen bis vor (!) die *Schwarzbachbrücke.* Nunmehr an dieser Seite

Die »Eiche aller Eichen« im Longfaye Venn　　　　(Foto: Hans Naumann)

neben (!) dem *Schwarzbach* bleiben: Auf einer kurzen Schneise durch den Wald streifen; über einen Querweg hinweg und ab dem Ende der befahrbaren Strecke auf einem Pfad dem unteren Rand des *Naturschutzgebietes Clefayvenn (Fagne de Calbour)* entlang, bis wieder ein fester Weg angetroffen wird. Hier müssen wir uns für die kürzere oder längere Rückkehr entscheiden.

1. Die kürzere Tour: Den befestigten Weg nach links bergauf; oben in die geteerte Waldstraße nach rechts. Diese Waldstraße mündet nach etwa 500 Metern in die von rechts kommende *Kaltenborner Forststraße (Alte Eisenstraße)*. Wir gehen an deren Rand nach links in die Kurve und biegen in den nächsten Waldweg ab. Dieser überquert im *Gebiet Grand Troupa* mit Linksknick einen Fahrweg; in den folgenden Fahrweg rechts einbiegen, wieder hinab ins *Rurvenn* und über die Rurbrücke zurück zum Parkplatz.

2. Die längere Tour: In den befestigten Weg nach rechts und – die verbotene Zone des Clefayvenn zur Rechten lassend – am Waldrand auf einem Vennpfad ansteigen. Oben, im Waldwinkel, auf einem Lattenrostweg nach links und durch den breiten Waldeinschnitt zur *Schutzhütte La Béole* an der *Alten Eisenstraße*. Diese Waldstraße nach rechts überqueren und an den Feuerschutzrand des *Naturschutzgebietes Wallonisches Venn*, auf dem nach links gegangen wird, auch abwärts, über die junge *Rur* und wieder aufwärts zum *Lothringer Kreuz* (Croix Lorin). Hier nach links in den breiten Forstfahrweg, der vollständig geradeaus durchgegangen wird, bis zur Waldecke *(Coin du Bois)* am *Averscheider Forst*. Mit der Zufahrtstraße abwärts zum Parkplatz.

43 Hoffrai (Xhoffraix) – Ovifat – Burg Reinhardstein – Bachschluchten und Höhen

Verkehrsmöglichkeiten   Hoffrai: Buslinie 396 (Eupen – Baraque Michel – Malmedy). – Ovifat: Buslinie 45 a (Stavelot – Malmedy – Bütgenbach).

Parkmöglichkeiten   In Hoffrai vor der Kirche; ab dort wird die Tour beschrieben. – Parkfläche auch gegenüber der Kirche in Ovifat.

Wegmarkierungen   Gelbe Wegzeichen; siehe Tourenbeschreibung.

Tourenlänge   15 Kilometer. »Abkürzungen« beachten.

Wanderzeit   4 Stunden.

Höhenunterschiede Insgesamt etwa 600 Meter. Bergwanderung mit einigen steilen An- und Abstiegen.

Wanderkarte 1:25 000 Malmedy.

Abkürzungen Folgende Abkürzungen sind in der Kartenskizze gestrichelt angedeutet: 1. Von Hoffrai ins Bayehontal und direkt abwärts ins Warchetal (8 km, 2 Stunden). – 2. Von Hoffrai nach Ovifat und ins Warchetal. Nachdem der Bayehon überbrückt ist, auf Weg XII und XVII direkt wieder bergauf nach Hoffrai (11 km, 3 Stunden). – 3. In Ovifat starten; nachdem der Bayehon überbrückt ist, dessen Tal aufwärts und zurück nach Ovifat (8 km, 2½ Stunden).

Anmerkung Möglichst Bergschuhe anziehen! – Einkehr ist möglich in der Bayehon-Mühle sowie in den Orten. – Nicht bei Schnee- und Eisglätte wandern!

Wissenswertes *Hoffrai* (Xhoffraix, Gemeinde Malmedy), im 12. Jahrhundert als »Scofrai« erstmals erwähnt, entstand aus zwei Ortsteilen, die heute »le petit village« und »la Borbote« genannt werden; die Bewohner nennen sich »xhoffurlins« (sprich »offürlä«). Weithin sichtbar die auffällige Kirche mit ihrem mächtigen, quadratischen Turm, auf dem sich eine lanzenartige Spitze erhebt; sie wurde 1970 an der Stelle einer bereits 1484 erbauten Kapelle vollendet und besticht im Innern durch ihre Gestaltung, das Spiel des Lichtes, eine Eichenorgel (18. Jh., aus Haaren bei Aachen, Lütticher Stil) sowie (u. a.) eine Statue der heiligen Barbara (17. Jh.). – Auf dem Bergrücken, an dessen Fuß der Roannai-Bach in den Pouhonbach mündet, verbergen sich die – inzwischen zugepflanzten – Reste einer keltischen Fliehburg (Chession) aus der Zeit des Vercingetorix (um 55 v. Chr.).

Ovifat, Feriendorf in der Gemeinde Weismes mit Campingplatz, Jugendherberge und Alpinskigebiet mit zwei Liften. Kirche zur Heiligen Jungfrau der Armen (1935). Kapelle von Cheneu (Chêneux), Achteck (19. Jh.); von Buchen und Fichten geschützt, obwohl nach der Eiche (la chêne) benannt; sehr schön geschnitzte Muttergottes mit Jesuskind.

Zur *Burg Reinhardstein* siehe Tour 45.

Tourenbeschreibung   Vom Platz zwischen Kirche und Hospiz in Hoffrai starten wir mit der »Rue Curé Beckmann« auf den Ort zu. Neben der Schule 40 Meter die Straße abwärts, gegenüber dem Josefshof rechts in den Weg »Rue du Petit Village«. Die nächste Querstraße (»Rue de la Tournerie«) lediglich überqueren und vor dem Gehöft einen Wiesenweg durchgehen. An seinem Ende im Linksbogen in die »Rue de la Borbotte« und diese Straße abwärts, auch noch an der abzweigenden Straße »Large Voie« vorbei, aber nur (35 m) bis zur spitzgiebeligen *Antoniuskapelle* zur Rechten. Hier biegen wir rechts ab und folgen Weg XVIII, hinter dem letzten Hausgrundstück den Wiesenpfad hinab und im Tal über den *Pouhonbach.*

Auf Weg M 8 talwärts: Vor dem von links zufließenden Bach *Roannai* (Rognay) den Pouhonbach überqueren und weiter abwärts, bis der *Bayehonbach* einmündet. (³⁄₄ Stunde) – Nun folgen wir weiß-roten Wanderzeichen (auch Weg R 9): Nach links auf einem Steg über den Bach Roannai und im Bayehontal aufwärts, erst an dieser, später an der anderen Bachseite, bis gegenüber der Gaststätte *Bayehon-Mühle* (Moulin du Bayehon).

Wir bleiben an dieser Bachseite, überqueren die Straße Longfaye – Ovifat neben der Straßenbrücke und nehmen dahinter den rechten, oberen Weg R 11, der bis zum ersten Haus von *Ovifat* (Strohdach) kräftig ansteigt; von dort auf diesem Weg R 11 nach rechts ins Ortsinnere. (Ab Roannai 1 Stunde)

Nun nehmen wir den Wanderweg R 7: In die Straße Richtung Hockai; nächste Straße links; nach 150 Metern (Haus mit vorgezogener Garage) rechts und abwärts; am Haus Nr. 18 in die Querstraße nach rechts und, dem Schild »Reinhardstein« folgend, den »Chemin du Cheneu« hinab, auch an der *Kapelle von Cheneu* und dem gegenüberliegenden Parkplatz vorbei. Das Sträßchen senkt sich weiter, bald neben einem Bach und im Wald bis vor das Tor der *Burg Reinhardstein.*

Nach rechts folgen wir nun dem weiß-rot markierten Hauptwanderweg: Erst im Steilhang an der Rückseite der auf einer Felsnase thronenden Burg; bergab ins *Warchetal* und rechts talwärts, bis der einmündende Bayehon überbrückt ist. Wer hier nicht abkürzt, bleibt ab der Schutzhütte noch eine ¾ Stunde im Warchetal, nämlich auf Weg M 8/M 1 talwärts, bis – am Ende einer Wiese zur Linken und vor einem Steinbruchgelände – der *Coreubach* (Ruisseau du Coreu) den Weg kreuzt.

Unmittelbar vor diesem Bach rechts in den Bergpfad M 8. Über den Bach im Hang taleinwärts; wenn der Pfad wieder neben den Bach geraten ist, auf einem Weg talaufwärts, auch noch durch das Fließwasser einer Seitenquelle; 150 Meter oberhalb dieses Nebenbaches vom Talweg abweichend nach rechts steil und hohlwegartig bergauf; auf halber Höhe mit einem Weg nach rechts; vor dem Eichenwald links herum und ständig bergan bis zur *Lourdesgrotte* am Kirchplatz von *Hoffrai.*

 Malmedy – Bernister – Naturschutzgebiete Duzos Moûpa und Boltêfa – Sturzbach Trô Maret – Ferme Libert

Verkehrsmöglichkeiten   Busverbindung von allen Richtungen, mit der Linie 396 (von Vaals – Eupen) auch Anschluß aus den Niederlanden und von Aachen.

Parkmöglichkeiten   Großparkplatz hinter dem Postamt; Einfahrt von der »rue devant l'Etang«.

Wegmarkierungen   Am Anfang und Ende gelb M 2. Im übrigen siehe Tourenbeschreibung.

Tourenlänge   16 Kilometer, Abkürzung 8 Kilometer.

Wanderzeit   5 Stunden, Abkürzung 3 Stunden.

Höhenunterschiede   Insgesamt 600 Meter; Abkürzung 450 Meter. Bergwanderung, die etwas Kondition verlangt.

Wanderkarte   1:25 000 Malmedy.

Abkürzung   An der Ferme Libert (Parkfläche) abwandern: Zu-

nächst die Straße nach Bernister hinauf bis 50 Meter vor den ersten Häusern (Bank). In der Kartenskizze gepunktet.
Anmerkung Bergwanderschuhe mit guten Stollenprofilsohlen
anziehen! – Einkehrmöglichkeit nur in der Ferme Libert. – Aus-

kunft: Fremdenverkehrsverein (Office communal du Tourisme), Abbaye, Place du Châtelet, 10, B-4960 Malmedy.

Wissenswertes Malmedy entstand ab 648 n. Chr. aus einem Kloster des heiligen Remaklus, genannt »Apostel der Ardennen«, der zwei Jahre später auch in Stavelot ein Kloster errichtete und damit ein etwa 1100 Jahre währendes Fürstabttum (Reichsabtei) begründete. Obwohl 1815 durch den Wiener Kongreß zu Preußen geschlagen und 1940 von deutschen Truppen erobert, blieb Malmedy eine wallonische Stadt mit eigenem Brauchtum, vor allem zu Karneval. Die heutige Kathedrale wurde Ende des 18. Jahrhunderts erbaut. Wirtschaftlich war Malmedy früher insbesondere durch seine Gerbereien bekannt; heute überwiegen die Papierfabriken. – Am Rotwasserbach verlief ab 1815 die preußische Grenze; siehe dazu sowie zum Trô Maret bei Tour 40. – Die Ferme Libert trägt den Namen der weltberühmten Botanikerin Marie-Anne Libert (1782–1865), die erstmals die Pflanzenwelt – vor allem die Farne und Moose – der Hohen Moore erforschte. Der preußische König Friedrich Wilhelm III. ehrte die Botanikerin handschriftlich und mit wertvollen Schmuckgeschenken. Die nach ihr benannte Malmedyer Vereinigung »Cercle Marie-Anne Libert« bemüht sich seit 1951 um Vielfalt, Schönheit und Umwelt des Hohen Venn.

Tourenbeschreibung Wir folgen dem gelb markierten Wanderweg M 2: An der Kirche vorbei abwärts, vor der Tourist-Information vorbei, am Postamt rechts und von der Parkplatzzufahrt durch die »rue devant l'Etang«; über die *Warche* in den Stadtteil *Outrelepont* und dort die Sackgasse *Tier de Liège* (alte Straße nach Lüttich) hinauf bis zur ersten Linkskurve; vor Haus Nr. 48 rechts abbiegend im Hohlweg bergauf; in der Linkskurve an den Wiesen links-rechts abbiegen und hoch bis (Achtung!) kurz vor dem obersten Waldaustritt; dort nach rechts in einen Waldpfad, auf dem wir für 20 Minuten völlig auf die Markierungen angewiesen sind (Strecke ist nicht beschreibbar); vom Waldaustritt (oberhalb der Ermitage) die Wiesen hinauf und zwischen die ersten Häuser von *Bernister;* vom »Chemin de Chaumont« nach rechts in die »Route des Planeresses«, aber nur noch 80 Meter, bis zu einer Abzweigung (Bank). (1 Stunde)

Hier biegen wir links in den sich senkenden Teerweg. An der tiefsten Wegstelle nicht links abbiegen, vielmehr um die Rechtskurve weiter und in den Wald. 20 Minuten später stößt von links der Wanderweg XV hinzu, dem wir folgen: Noch gut fünf Minuten geradeaus um den Waldkopf *Les Planerèces,* bis die Markierung, auf die der Wanderer hier angewiesen ist, nach links abwärts in das Venn weist; dort wird das *Rotwasser* im *Gebiet Les*

Chôdires (= Quellkessel) überquert und im *Naturschutzgebiet Duzos Moûpa* erst zu den bestaunenswerten *Frédéricq-Eichen (Les Chênes Frédéricq),* dann zu einer Waldstraße aufgestiegen; in diese Straße nach rechts, bis sie am *Venn- und Naturschutzgebiet Boltéfa* den Sturzbach *Trô Maret* überbrückt hat. (Ab Bernister 1¼ Stunden)

Unmittelbar hinter der Brücke nach rechts abwärts, folgen wir nun den weiß-roten Wanderzeichen: Neben dem *Trô Maret;* bald hangaufwärts auf Mont zu, oben über einen tiefen Quellgraben und erneut hinab ins *Trô Maret Tal;* hinter der weiß-rot gekennzeichneten Brücke hangaufwärts und zur *Ferme Libert.* (Erneut 1–1¼ Stunden)

Weiter mit den weiß-roten Zeichen, also vor den Gebäuden der *Ferme Libert* vorbei und bergab bis unterhalb der einstigen Einsiedlerklause *Ermitage.* Hier steigt der Hauptwanderweg den Querweg hoch, den wir aber nur nach unten (!) überschreiten, um erneut Weg M 2 zu folgen: In den Wald steigen; im Hang von einem Trimmpfad (Parcours Vita) an zwei Abzweigungen jeweils in den linken Weg und hinab zum Campingplatz am Schwimmbad; mit der Nationalstraße über die *Warche* und bis zur Einfahrt der Papierfabrik Steinbach; dieser gegenüber (Zebrastreifen) aufwärts und am Hang oberhalb des *Friedhofs* durch die »rue du Rond Thier«; an deren Ende noch einmal ein paar Schritte aufwärts, dann rechts auf einem Weg ins Stadtinnere.

45 Robertville – Burg Reinhardstein – Walk – Robertviller Talsperre

Verkehrsmöglichkeiten Belgische Buslinien 45a–48a und 390 von Malmedy, Bütgenbach, Steinebrück, St. Vith und Eupen.
Parkmöglichkeiten An der Abzweigung nach Malmedy.
Wegmarkierungen Wechselnd; siehe Tourenbeschreibung.
Tourenlänge Etwa 10 Kilometer.
Wanderzeit 2½ bis 3 Stunden.
Höhenunterschiede Insgesamt etwa 300 Meter. Zum Teil anstrengende, rutschig-steile Wege um Burg Reinhardstein.
Wanderkarte 1:25000 Malmedy – Robertville.
Anmerkung Schuhe mit rutschfesten Sohlen anziehen! – Einkehrmöglichkeiten: Zwischen Robertville und der Talsperrenmauer, in Walk und an der Haelenbrücke. – Information: Centre 53, B-4950 Robertville.

Wissenswertes *Robertville,* 1188 zuerst erwähnt, bedeutender Erholungsort in der Gemeinde Weismes. – *Robertviller Talsperre* (Warchetalsperre, 8,2 Millionen m³), erbaut 1925–29, mit 54 Meter hoher Gewölbestaumauer. Trinkwasserversorgung der Stadt Malmedy, Wassersport und Freibad am Campingplatz; 5 Kilometer Stollenleitung zum Elektrizitätswerk in Bevercé. In der Seemitte die Haelen-Brücke mit einem 51 Meter tiefen Pfeiler. – *Burg Reinhardstein* (Rénastène) auf steilem Fels über dem Warchetal: Der Fels war wohl schon zur Steinzeit besiedelt, später von Römern und Karolingern befestigt. Eine erste Burg wurde wahrscheinlich von einem Reinerus de Rupe erbaut; 1354 als Besitz des Reinhard von Weismes erwähnt; 1677 von den Franzosen zerstört; ab 1969 privat wieder aufgebaut und ganzjährig bewohnt. Besichtigung insbesondere an Sonn- und Feiertagnachmittagen in den Sommermonaten. Die Tatsache, daß die Burg (ab etwa 1500) über 300 Jahre lang der Familie Metternich gehörte, hat vermutlich zu jener merkwürdigen, geschichtlich nicht begründbaren Entscheidung des Wiener Kongresses (1815) geführt, das wallonische Gebiet Malmedy den Preußen zuzuteilen. – Kapelle von *Walk,* erbaut von Toussaint in preußischer Zeit, 1944 durch eine deutsche V-Rakete bis auf den Sockel zerstört, wieder aufgebaut mit Eingang von Südwesten (früher Südosten). – Reste einer keltischen Fliehburg (Chession) aus der Zeit der heranrückenden Römerheere (Vercingetorix, um 55 v. Chr.), nicht zu besichtigen.

Tourenbeschreibung Vom Parkplatz folgen wir der weiß-roten Markierung: Richtung Schwimmbad die »Route des Bains« hinab; kurz vor dem Campingplatz rechts in den Wiesenweg; ab dessen Ende mit der Straße durch das Tal, über die Anhöhe und noch bis zum »Restaurant du Barrage«. Rechts den Hangweg (Wanderweg R 7, R 8) hinauf, an einer Herz-Jesu-Statue vorbei, dann dem Waldrand entlang bis zum Waldende in einer Schlucht. Den Schluchtweg neben einem Bachlauf hinab bis vor das Tor der *Burg Reinhardstein.* (¾ Stunden)

Nach links mit dem weiß-roten Wanderzeichen über die Brükke, den Hang hoch, hinter einem Felsenspalt nach links (!) und hinauf zur *Sperrmauer der Robertviller Talsperre,* die jetzt überschritten wird. Rechts über den Parkplatz und mit Wanderweg R 10 an dem Lagerhaus vorbei durch den Steilhang, bald mit Blick auf die Burganlage. Dieser Wanderweg senkt sich wenig später in Steilkehren in eine Gewässerkerbe; am Wanderwegetreff über das Gewässer hinweg und (Markierungen: R 10, R 4, weiß-rot) aufsteigen. An den Wiesen von Walk biegt der weiß-rot gekennzeichnete Hauptwanderweg rechts erneut in den Wald, während wir links den Wiesen-Hecken-Weg (R 4) aufsteigen nach *Walk.* (Erneut ¾ Stunden)

Den Bürgersteig im Ort abwärts. Unterhalb der Kapelle die Sackgasse hinunter und auf diesem Wanderweg R 3 über den *Poncébach (Rû du Poncé),* dann über eine Anhöhe (auf der sich die Reste einer *keltischen Fliehburg* verbergen) und um den Südrand der *Robertviller Talsperre* bis zur Gaststätte an der *Haelenbrücke (Pont de Haelen).* Die Brücke überqueren und mit der Straße wieder nach Robertville aufsteigen.

46 Robertviller Talsperre – Warchehang und Warchetal

Parkmöglichkeiten Zu beiden Seiten der Talsperrenmauer.
Wegmarkierungen Weiß-rot (Hauptwanderweg) und M 1.
Tourenlänge 17 Kilometer
Wanderzeit 4 bis 5 Stunden.
Höhenunterschiede Insgesamt etwa 600 Meter. Im Steilhang über der Warche häufiges, zum Teil kräftiges Auf und Ab.
Wanderkarte 1:25000 Malmedy – Robertville.
Anmerkung Große Bergwanderung. Hohe Wanderschuhe mit guten Stollenprofilsohlen anziehen! – Einkehrmöglichkeit an der Strecke nur am Campingplatz bei Bevercé.
Tourenbeschreibung An der Ortsseite des Staudammes (Bootsverleih, Kiosk) nehmen wir den weiß-rot markierten Hauptwanderweg: Abwärts und Richtung Burg Reinhardstein, aber nur bis vor (!) die große Felsenspalte, dort links – geradeaus (auch Weg R 4) abwärts; unten über die *Warche,* ansteigen bis an die Wiesen von Walk, aber rechts wieder in den Wald.

Unser Hauptwanderweg »weiß-rot« ist inzwischen auch als Weg XVII markiert: Im *Naturschutzgebiet* durch die *Steilhänge der Warche (Crêtes de la Warche),* über den vorspringenden Aussichtsfelsen *Nase Napoleons* (mit Blick über die Talschluchten auf Hoffrai); nach längerem Bergab, von einer Abzweigung in bisheriger Richtung (zusätzlich mit M 1 markiert) noch 1½ Stunden mit vielfältigem Auf und Ab, über zahlreiche Quell- und Bachgräben, später auch mehrmals am unteren Rand der Wiesen von *G'doûmont,* bis an den Wiesen von *Chôdes* der Weg geteert ist. (Bis hier 2½ Stunden)

Diesen Teerweg steigen wir nur noch bis zu einem steinigen Weg an, der sich von scharf rechts hinzugesellt! Während die Wegzeichen weiß-rot und M 1 den Teerweg weiter hinaufweisen, bleiben wir auf unserem Weg XVII: Scharf rechts in den genannten, steinigen Weg, also in Gegenrichtung bergab; vor dem Steilabfall zur Warche links herum, bald erneut ansteigen, von der obersten Rechtskurve jedoch wieder abwärts; bei Austritt aus dem Wald rechts – in den ersten von zwei Wegen – bergab, nunmehr bis ins Warchetal.

Weiter auf Weg M 1: Die Warche überbrücken, durch den Campingplatz; oberhalb der Gaststätte »au Moulin« (Alte Mühle) rechts auf der Straße taleinwärts, an den Fisch- und Angelteichen vorbei, auch an einem Steinbruch zur Linken, dann durch das Gelände der großen *Steinbrüche (Les Carrières de la Warche),* die beeindruckend die Schrägfaltung des Gebirges zeigen;

noch eine Dreiviertelstunde das Warchetal aufwärts, bis der *Bayehonbach* einmündet.

Diesen überbrücken und auf dem weiß-rot markierten Hauptwanderweg weiter: Erst noch im Warchetal, dann aufsteigend und über die Einfahrt zur *Burg Reinhardstein* hinweg; jenseits der bereits erwähnten Felsenspalte nunmehr nach links und auf dem Hinweg wieder hinauf zur Talsperrenmauer.

Lager Elsenborn – Nidrumer Heck – Warchetal – Weywertzer Heck

Parkmöglichkeiten   Großer Parkplatz auf der alten Straßenführung oberhalb der Zufahrt zum Lager (oberhalb Restaurant Stefani), also von der Straßenkreuzung Sourbrodt – Kalterherberg – Lager gesehen Richtung Elsenborn und links von der heutigen Nationalstraße.

Wegmarkierungen   Am Anfang und Ende Rundweg 9; dazwischen weiß-rot (Hauptwanderweg).

Tourenlänge   10 Kilometer.

Wanderzeit   2½ Stunden.

Höhenunterschiede   Insgesamt etwa 280 Meter. Zwei kurze Steilabstiege, ansonsten leichte Wanderung.

Wanderkarte   1:25 000 Belgische Nordeifel.

Anmerkung   Einkehrmöglichkeit an der Wanderstrecke nur im Gasthaus Zosterbach.

Wissenswertes   Elsenborn wurde vor allem bekannt durch seinen ursprünglich von Preußen eingerichteten Truppenübungsplatz, an dessen Rand sich das Lager (Camp) Elsenborn erhebt. Der Knochenhöhlenbach verdankt seinen Namen einem Freizeitulk preußischer Soldaten: Sie beschnitzten und bemalten Knochen aus der Militärküche, die am Ende der militärischen Übung mit Musik und Trinkgelage feierlich begraben wurden.

Tourenbeschreibung   Am oberen Parkplatzende überqueren wir die Nationalstraße und gehen an ihrem Rand bis zur Kurve aufwärts. Bereits vor der Straßenabzweigung (nach Weywertz) nach rechts 30 Schritte in den Waldweg, auf einen Pfad nach links von diesem Weg abweichend auf Rundweg 9: Parallel zur Weywertzer Straße im Wald *Weywertzer Heck* einen Weg hinab; unten, vor der Waldlichtung, links herum, einen Quellgang des *Baumbachs* und auch die Weywertzer Straße überschreiten; einen ansteigenden Waldweg geradeaus durchgehen, bis ein befestigter Waldfahrweg erreicht ist; in diesen 50 Meter nach rechts,

dann wieder links abbiegen; in den nächsten Querweg erneut
rechts und in der *Nidrumer Heck* abwärts ins Tal des *Knochen-
höhlenbaches;* vor einem Teich und einer zweischäftigen Eiche
nach rechts und durch eine Schneise; in den dahinter angetroffe-
nen Waldweg nach rechts, verlängert als Feldfahrweg, der zuletzt als Straße »An der Janskaul« endet; sogleich links abbiegen
ins *Zosterbachtal,* von unterhalb der Gaststätte bergauf bis zur
Abzweigung an den Hecken; rechts herum bis zur Kreuzung wenig hinter dem höchsten Punkt (nahe *Nidrum*). (¾ Stunde)

Hier rechts abbiegen und nunmehr dem weiß-rot markierten
Hauptwanderweg folgen: Über den *Grünenberg* und hinab nach
Brückberg; die »Sourbrodter Straße« schräg links überqueren,
ab dem Kreuz unter dem Stromverteiler aufsteigen, dann die
Straße »Brückberg« bis wenig hinter der höchsten Stelle; dort
links abwärts, um den *Plattenberg* (mit Blick auf Weywertz), am
Ende über die Bahn und ins *Warchetal.* (Wieder ¾ Stunde)

Bereits vor der *Warchebrücke* scharf rechts haltend erneut auf Weg 9: Mit dem *Baumbachtal* aufwärts; hinter der Bahn nicht links, vielmehr geradeaus in den Feldweg; den nächsten Querfahrweg links-rechts lediglich überqueren; im *Gebiet Schlangenvenn* mit einer Straße weiter hoch; oben, an der Straßengabelung im *Gebiet Schwarzer Hügel,* nach rechts und bis zum Waldrand, nahe der verkehrsreichen Nationalstraße; gerade in den Wald hinein; in die nächste Schneise nach rechts, hinter deren Linksknick 250 Meter geradeaus, dann nach links in eine andere Schneisenstrecke wechseln; nach 100 Metern an einer Schneisengabelung rechts halten, bald über einen Quellgang des Baumbaches und ansteigen; den querenden Waldfahrweg lediglich überschreiten und weiterhin geradeaus, bis oberhalb des Parkplatzes wieder die Nationalstraße erreicht ist.

48 Um die Bütgenbacher Talsperre

Parkmöglichkeiten   Neben den Freizeitanlagen am See.
Wegmarkierungen   Wanderweg 1. Ferner südlich der Talsperre: Weiß-rote Zeichen des Hauptwanderweges 56 (GRE).
Tourenlänge   11 Kilometer.
Wanderzeit   2½ bis 3 Stunden.
Höhenunterschiede   Etwa 100 Meter. Leichte Wanderung.
Wanderkarte   1 : 25 000 Belgische Nordeifel.
Anmerkung   Einkehrmöglichkeit nur im Restaurant am See, nicht unterwegs. – Information: Worriken 1, B-4750 Bütgenbach.
Wissenswertes   Auf dem Grund der Bütgenbacher Talsperre lag die Römersiedlung »Worrica«. Der heutige Ort Bütgenbach ist frühfränkischen Ursprungs. Die Kirche »Buetenbach« wurde erstmals 1130/31 als zum Tafelgut der Abtei Stablo-Malmedy gehörig beurkundet. Der Herrschaftssitz Bütgenbach, erstarkt aus dem Besitz des fränkischen Königshofes Büllingen, unterstand ab 1380 über 400 Jahre den Grafen von Vianden als luxemburgisches Lehen. Heute bedeutender Fremdenverkehrsort mit Bütgenbacher Talsperre, erbaut 1932 zur Hoch- und Brauchwasserregulierung von Warche und Holzwarche (11 Millionen m^3). Segel-, Surf- und Angelparadies; Freizeit-, Camping-, Boots- und Badeplätze; Sport- und Schwimmhalle.
Tourenbeschreibung   Vom Parkplatz folgen wir den vorgenannten Markierungen: Die Straße neben der Bahnlinie hinauf zum

Worriken Center. Dort etwas abwärts, ab dem Parkplatzende unmittelbar neben dem Bahndamm bergab und dem See entlang. Ein paar Schritte hoch, dann nach links, später dem See entlang bis zur Straßenbrücke über den *Warchezufluß.* (1¼ Stunden)

Über die Brücke und sogleich links in den Uferhangweg. Später im Wald den Fahrweg aufsteigen. Wo dieser oben an einer Abzweigung vor Ferienhäusern zur Feldstraße wird, links in den Feldweg abbiegen, der im Tal die *Holzwarche* überbrückt. Hinter der Brücke nach links, durch Wiesendurchlässe und etwa 1 Stunde am Hang über dem See oder an dessen Ufer – lediglich am *Hartbach* davon abweichend – bis zur *Staumauer.*

49 Manderfeld – Eimerscheid – Zitter-wald bis Buchholz – Frankenbach

Verkehrsmöglichkeiten   Belgische Buslinien (401) von Vielsalm – St. Vith (Haltestelle Schule) sowie (45 a) von Trois Ponts – Malmedy – Losheimergraben (Haltestelle am Parkplatz).

Parkmöglichkeiten   In Manderfeld am Friedhof. – Auch Wanderparkplatz Buchholz möglich.

Wegmarkierungen   Weiß-rote Streifen (GRE, Hauptwanderweg 56) vom Parkplatz bis Eimerscheid und wieder ab Hotel Waldfrieden (Buchholz) zurück. Vor Buchholz Wanderweg 25.

Tourenlänge   17 bis 18 Kilometer.

Wanderzeit   4½ bis 5 Stunden.

Höhenunterschiede   Insgesamt 770 Meter. Stärkere Anstiege nur vor Eimerscheid und am Gentenknipp; keine steilen Wege.

Wanderkarte   1:25000 Belgische Nordeifel. Deutsche Karte: 1:25000 Blatt 5603 Wischeid.

Abkürzung   Die Wanderung in Buchholz antreten und Manderfeld aussparen: Das Frankenbachtal ganz abwärts, auch ab der Igelmondermühle. Punktlinie, 14 Kilometer, 3½ Wanderstunden, erheblich weniger Steigungen.

Anmerkung   Einkehrmöglichkeit an der Strecke nur im Hotel Waldfrieden in Buchholz.

Wissenswertes   Manderfeld, 854 n. Chr. als fränkische Königspfalz (palatium manderfeld) zuerst beurkundet; Teile des Besitzes gehörten später zum Hof Auw, der Hof Manderfeld selbst jedenfalls vor 1335 bereits zur Herrschaft Schönberg. Fremdenverkehr, nicht zuletzt durch ausgewiesene Skipisten. – Zwischen Eimerscheid und Altem Wall (Holzheimer Schanze, Römerwall, aus dem Mittelalter als Wehranlage erhalten) bewandern wir die Alte Straße Trier – Aachen, ein Handels- und Pilgerweg seit dem frühen Mittelalter. An ihr besaß der Herzog von Luxemburg ein »Erf« (Erbgut); das an diesem »Herzogenweg« gelegene, befestigte Gehöft Herzogenerft oder Herzerath, vermutlich bereits im 16. Jahrhundert wüst geworden, ist mit seinen Fundamenten geortet worden. – Medenderbach oder Medemder heißt der Frankenbach ab der Einmündung des Eimerscheiderbaches in seinem Unterlauf.

Tourenbeschreibung   Vom Parkplatz am Friedhof Manderfeld gehen wir im Ort aufwärts. An der ersten Straßenabzweigung Richtung Losheimergraben; an der nächsten Richtung Holzheim, doch sofort links bergauf und den weiß-roten Streifen folgend bis zum ersten Haus in *Eimerscheid*. (1 Stunde)

nach Honsfeld

Eichen-
busch

Buchholz
Schutz- u. Grillhütte ■

Warche

Bahnhof
Losheimergraben

Hotel
Waldfrieden

Ennesfeld

Gilbusch-
heck

Frankenbach

Lanzerath

Alter Wall
Holzheimer Schanze ■

Gentenknipp

Holzheim

Gonefeld

Trier – Aachen
Alte Straße

Herzerath

Eimerscheider Bach

Igelmonder
Mühle ■

Dehnenbach

Ha-
sen-
venn

Kreuz ■

Renkersreth ■

Medendorf

Kreuz ■

Hütte ■

Hütte ■

Bus ●

Manderfeld

Eimerscheider
Mühle ■

N 626

Eimerscheid

Medenderbach
N626

von St. Vith

0   0,5   2 km

Dort die Straße hoch; in deren scharfer Rechtskurve (mit Spiegel) links abbiegen und diese geteerte Feldstraße bergauf; auf dem höchsten Punkt rechts herum (Stromleitung) über die *Trasse der Alten Straße Trier – Aachen* (Panoramastrecke, Weitblick über Ommerscheid und Schwarzer Mann!): Zwischen den zwei Häusern *Renkensreth* und dem *Johannes-Vilsbum-Kreuz von 1637* im *Gebiet Auf der Flinz* oberhalb *Medendorf* vorbei; die erreichte Straße im *Gebiet Herzerath* durch die Rechtskurve benutzen, dahinter links einbiegend über die Feldhöhe (625 m) oberhalb Holzheim; sobald die Straße wieder getroffen ist, auf ihr am *Alten Wall* (links, Buchenreihe mit Wall und Graben) vorbei bis zum Waldanfang. Hier biegen wir talwärts in einen Fahrweg (Wanderweg 25) ab; dieser senkt sich in der *Gilbuschheck*, biegt unten nach links und wir behalten ihn (ohne direkt bergab einzubiegen) bei, fast eben in Kehren über die *Quellen des Frankenbaches,* dann ansteigend zur *Schutz- und Grillhütte Buchholz* mit Wanderparkplatz. (Ab Eimerscheid 1¾ Stunden)

An den Häusern rechts abbiegen; genau gegenüber Hotel Waldfrieden wieder in den Wald und erneut den weiß-roten Markierungen folgen: Das *Frankenbachtal* ¾ Stunde abwärts; unten die geteerte Waldstraße lediglich überqueren und den *Gentenknipp* hinauf; sobald eine Wiese zur Rechten liegt, dorthin ausbiegen und am Waldrand hoch; auf der Höhe mit dem Querweg wenige Schritte rechts, dann links bergab; unten über den *Dehnenbach,* hinauf nach *Hasenvenn* und mit der Nationalstraße zurück.

50 Hollerath – Rocherather Wald – Naturschutzgebiete im Oleftal

Parkmöglichkeiten Auf deutscher Seite: Ski- und Wanderparkplatz Hollerather Knie (Kurve der B 265 oberhalb Hellenthal – Hollerath). – Auf belgischer Seite im Gemeindegebiet Büllingen: Parkplatz Ruppenvenn (bei Rocherath-Krinkelt, am Wald).

Wegmarkierungen Nur vereinzelt; siehe Tourenbeschreibung.

Tourenlänge Ab Hollerath 22 Kilometer. Für die am belgischen Parkplatz Ruppenvenn startenden Wanderer 19 Kilometer, weil die Wege vom und zum Hollerather Knie entfallen.

Wanderzeit Je nach Startpunkt 5 bis 5½ Stunden.

Höhenunterschiede Insgesamt etwa 700 Meter. Mehrfaches Auf und Ab auf zumeist festen, nicht steilen Wegen.

Wanderkarte Nur 1:50000 Deutsch-Belgischer Naturpark, Nordteil.

Anmerkung Einsame deutsch-belgische Rucksackwanderung. – Im Belgischen insgesamt 4 Kilometer verteerte Wege, die jedoch im Blick auf diese schöne Wanderung in Kauf genommen werden sollten. – Weitere Wanderungen im Umfeld des Rocherather Waldes: Siehe Touren 22, 23 und 51.

Naturpark-Information Oberhalb der Oleftalsperre ist um das Oleftal ein ausgedehntes, grenzübergreifendes Naturschutzgebiet eingerichtet worden. Es dient nicht nur dem Schutz dieses urigen, Trinkwasser liefernden Tales, sondern vor allem den größten Wildnarzissenflächen Europas, die sich insbesondere im Mündungsgebiet des Jansbach in die Olef erstrecken und im April mit ihren gelben Blüten verzaubern. Achtung: Die Wildnarzissen sind total geschützt und dürfen weder gepflückt noch ausgerissen werden! – Der Wanderweg an der deutschen Seite des Oleftales ist zugleich Teil des geologisch-montanhistorischen Lehr- und Wanderpfades der Gemeinde Hellenthal.

Wissenswertes Die Olef wird erstmals 1130 n. Chr. als »Olefa« urkundlich genannt. – Rocherather Wald, einst zum Dreiherrenwald gehörend, während der Ardennenoffensive (1944) ein Massengrab deutscher Soldaten, die vor allem Scharfschützen zum Opfer fielen.

Tourenbeschreibung ab Hollerath Vom *Parkplatz Hollerather Knie* wandern wir die Ausfahrt nach Süden hinauf, biegen vor dem Wald rechts entlang der *Höckerlinie* ab und bleiben nach der Rechtskurve des Weges noch etwa 350 Meter neben dieser einstigen Panzersperre. Dann biegen wir links in den *Dreiherrenwald* ab, wo wir vom *Grenzgraben* und *Grenzstein 511* (Orientierungspunkte!) geraden Weges der Grenze entlang ins *Oleftal* absteigen. Unten die Olef sogleich überbrücken und über den *Wingertsknipp* ins *Jansbachtal*. Auch den Jansbach nur überbrücken und die Waldstraße hinauf zum *Parkplatz Ruppenvenn*. (1 Stunde)

Wir entfernen uns vom Wald auf der rechten von zwei Straßen; auf dieser Straße in den Fluren von *Rocherath* auch durch ihre Rechtskurve und etwa 400 Meter über die Hochfläche; den nächsten querenden Feldfahrweg noch mit Linkskurve überschreiten und bis zu der dann erreichten Feldstraßenkreuzung. Hier zeigt ein Wanderwegeschild 29 nach links; wir aber biegen in diesen Wanderweg rechts ein: In der offenen Flur noch durch den Quellgang des *Hohlenborn;* im *Waldgebiet Wolferst* nach einem rechts abzweigenden Weg von einer Gabelung nach links;

weitläufig abwärts ins *Tal des Tröglichtenbaches* (Teich). (Wieder 1 Stunde)

Hinter dem Bach nach rechts an dem Holzhaus vorbei, vor dem Steinbruch jedoch nach links bergauf. Oben (vor Revier 5) in den Waldfahrweg nach rechts, über den nahen höchsten Punkt und (nicht rechts abbiegen) weitläufig abwärts ins Oleftal. Wo die befestigte Strecke aus dem Tal wieder aufsteigen will, in den Talweg wechseln und am Olefufer bald durch das *Naturschutzgebiet,* bis dieser Weg mit einer vollständigen Drehung wieder ansteigen will. Hier nehmen wir geradeaus den Pfad, überschreiten den *Wiesbach* – und damit die Staatsgrenze – auf der *Antoniusbrücke* und stoßen auf eine Waldstraßenkurve. (Erneut 1 Stunde)

Die Waldstraße abwärts, unten die Olef überbrücken und nun das Oleftal an der deutschen Seite aufwärts, erst noch auf einer Waldstraße, ab dem *Merlenbach* rechts davon auf dem Talweg noch gut 1¼ Stunde. Dann haben wir wieder die vom Hinweg bekannte Wegekreuzung erreicht und steigen nach links den Grenzweg hoch, um zurück zum Parkplatz zu gehen.

51 Durch den Rocherather Wald und zum Weißen Stein

Parkmöglichkeiten   Auf deutscher Seite: Ski- und Wanderparkplatz Hollerather Knie (Kurve der B 265 oberhalb Hellenthal – Hollerath). Beschrieben wird auch eine Verbindung vom Ski- und Wanderparkplatz Weißer Stein (neben der B 265 nahe Hellenthal – Udenbreth).

Auf belgischer Seite im Gemeindegebiet Büllingen: Drei Parkplätze im Holzwarchetal unterhalb Mürringen, oder Parkplatz Ruppenvenn (bei Rocherath-Krinkelt, am Wald).

Wegmarkierungen   Nur im Belgischen; siehe Tourenbeschreibung.

Tourenlänge   Ab den deutschen Parkplätzen 20 Kilometer, ab den belgischen Parkplätzen 17 Kilometer. »Abkürzung« beachten.

Wanderzeit   Je nach Startpunkt 5 oder 4 Stunden. Abkürzung 2½ Stunden.

Höhenunterschiede   Insgesamt etwa 600 Meter. Mehrfaches Auf und Ab auf zumeist festen, nicht steilen Wegen.

Wanderkarte   1 : 25 000 Belgische Nordeifel oder 1 : 50 000 Deutsch-Belgischer Naturpark Nordteil.

Abkürzung Über die Hauptforststraße zwischen Ruppenvenn und Langelenvenn; etwa halbe Wanderstrecke. Siehe Kartenskizze.

Anmerkung Deutsch-belgische Rucksackwanderung durch einsame Waldgebiete, die auf einigen Strecken im April durch blühende Wildnarzissen verzaubert werden. – Nachstehend wird vollständig die Tour ab Hollerath beschrieben; anschließend werden die Verbindungen und Wege ab den übrigen Parkplätzen vorgestellt.

Wissenswertes Der Oberwald des karolingischen Bannforstes reichte früher von Losheimergraben bis Wahlerscheid und von Weißerstein bis Weißfeld. Als 1301 der Herr zu Schleiden von der Herrschaft Bütgenbach das Dorf Mürringen und Teile des Waldes erwarb, gehörten andere Teile weiterhin zu Bütgenbach (später Grafschaft Luxemburg), wieder andere der Herrschaft Schönberg/St. Vith (Kurfürstentum Trier). So hatte der Wald drei Herren und wurde Dreiherrenwald genannt. Heute trägt diesen Namen nur noch ein belgisches Waldgebiet zwischen Jansbach und Olefbach. – Weißer Stein, Findling (erratischer Block) von etwa 15 Tonnen Gewicht, auf Höhe 689,5 Meter im Quellgang des Edesbaches gelegen, während einer Eiszeit aus dem hohen Norden durch Gletscher hierher verschoben; möglicherweise ein keltischer Kultstein (Ede = Odin, kelt. Gottheit). Der vorbeiführende Mürringer Weg, einst eine Römerstraße nach Zülpich, dürfte bereits zeitlich früher bestanden haben.

Tourenbeschreibung ab Hollerath Vom *Parkplatz Hollerather Knie* wandern wir die Ausfahrt nach Süden hinauf, biegen vor dem Wald rechts entlang der *Höckerlinie* ab, in deren erster Rechtskurve jedoch links in den *Dreiherrenwald*. Am *Grenzstein 509* ins Belgische und den Fahrweg hinab ins *Oleftal.* Über den Bach und nach links ansteigen. An der nächsten Wegekreuzung rechts hoch; von der Wegekreuzung oben nach links in eine lange Gerade, die im Distrikt 146/147 wieder einen Fahrweg erreicht. In dessen Kurve nach links, nehmen wir nun Wanderweg 33 (*gegen* die Pfeilrichtung) über 3 Kilometer: Am *Teufelskopf* einen Talhang hinab, anschließend das *Barbelttal* hinauf; um den *Wolfsberg;* abwärts durch die Quellsenken des *Wolfsseifen (Wolfssief);* am *Langelenvenn* aufsteigend zur Hauptforststraße auf der Höhe. (1½ Stunden)

Diese Straße aufwärts und damit auf Weg 32: Am nächsten Wegetreff knickt die Hauptforststraße leicht nach links, während wir geradeaus (!) in einen Fahrweg wechseln, mit dem wir alsbald im *Gebiet Auf Weissen Stein* die *Schutzhütte am Bocksvenn* erreichen; am Ende des Rastplatzes nach rechts abwärts,

N

Olef

Parkplatz
Hollerather Knie
Hof

P B 265

Jansbach

Wingertsknipp

Drei-   herren-

wald

B e l g i e n

Olefer Berg

Rocherather Wald

Parkplatz P
Ruppenvenn

Barbelt

Teufelskopf

von
Rocherath

Wolfsberg

Hauptforststraße

Wolfsseifen

P

Langelenvenn

B 265

Holzwarche

Bocks-   venn
Hütte
Weißer Stein

nach
Udenbreth

P

Weißer Stein

Parkplatz
Weißer Stein P

Edesbach

P

vom Grenzübergang
Losheimergraben

von
Büllingen,
Mürringen

0   0,5   2 km

kann nach wenigen Schritten rechts im *Bocksvenn* der sagen-
umwobene *Weiße Stein* in einem Abstecher besichtigt werden;
diesen *Mürringer Weg* das *Edesbachtal* weiter abwärts ins Tal der
Holzwarche. – Nun folgen wir dem weiß-rot markierten Hauptwanderweg (GRE 56): Bereits vor (!) dem *Parkplatz Weißer
Stein* – also oberhalb dieses Parkplatzes, neben dem ansteigenden Waldfahrweg – nach rechts auf dem Wanderweg zum vorde-
ren Waldhang einbiegen und an dieser Seite der *Holzwarche* eine Dreiviertelstunde talwärts, bis zur zweiten (!) Straßenbrücke
über den Bach. – Hinter einem Steinbruch, jedoch noch vor einem Seitengewässer nehmen wir nun Weg 31 rechts im *Gebiet
Zimbüchel* hinauf zur Hauptforststraße. Auf dieser geht es nach
links zum Waldrand am *Parkplatz Ruppenvenn.* (Wieder 1½
Stunden) – An der Buche, die mit einer Eiche zusammenge-
wachsen ist, nehmen wir die Waldstraße (Wanderweg 30) hinab
ins *Jansbachtal.* (Hier beginnen für die an anderen Parkplätzen
aufgebrochenen Wanderer die veränderten Wege!) Für die
Rückkehr zum Hollerather Knie gehen wir hinter dem Jansbach
wie folgt weiter: Nach links (!) in den ansteigenden Weg, über
den *Wingertsknipp* und hinab ins Oleftal; rechts talaufwärts zur
nächsten Olefbrücke, aber schon vor dieser Brücke scharf links
bergauf, den Hinweg zurück.

Tourenbeschreibung ab Udenbreth – Weißer Stein Vom *Parkplatz Weißer Stein* die B 265 überschreiten, nach rechts ihrem
Rand 100 Meter folgen, am ersten Waldweg aber links der Bundesstraße in die parallel zur Straßenböschung verlaufende Langlaufpiste (Waldweg), die unten den jungen *Edesbach* überquert;
mit dem erreichten *Mürringer Weg* von der Bundesstraße abschwenken, in das belgische *Waldgebiet auf Weißen Stein* und
vom *Bocksvenn* wie vorstehend für Hollerath beschrieben. –
Der veränderte Rückweg beginnt im Jansbachtal: Ist der Bach
überschritten, geht es nach rechts auf Weg 30 sein Tal aufwärts
bis zum nächsten Bachübergang. Dort scharf links eine eingangs
geteerte Waldstraße ansteigen, über den *Oleferberg* und so auf
den für Hollerath beschriebenen Wanderweg 33, gegen die Pfeilrichtung. Vom Bocksvenn auf dem Hinweg zum Parkplatz.

Tourenbeschreibung ab den belgischen Parkplätzen Von den
Parkplätzen im Holzwarchetal geht es – wie beschrieben – zum
Parkplatz Ruppenvenn und ins Jansbachtal. Ist der Jansbach
überschritten, geht es nach rechts auf Weg 30 sein Tal aufwärts
bis zum nächsten Bachübergang. Dort scharf links die eingangs
geteerte Waldstraße ansteigen, über den *Oleferberg* und so auf
den für Hollerath beschriebenen Wanderweg 33, gegen die Pfeilrichtung. Die Parkplätze liegen am weiteren Wanderweg.

52 Zwischen Udenbreth und Losheimergraben durch den Zitterwald

Parkmöglichkeiten Ski- und Wanderparkplatz Weißer Stein, an der B 265 nahe Hellenthal-Udenbreth; ab dort wird die Tour beschrieben. – Ferner in Belgien Wanderparkplatz »Weißer Stein« unterhalb Mürringen im Holzwarchetal sowie Parkplätze am Grenzübergang Losheimergraben.

Wegmarkierungen Wechselnd; siehe Tourenbeschreibung.

Tourenlänge 17 Kilometer.

Wanderzeit 4 Stunden.

Höhenunterschiede Insgesamt etwa 600 Meter. Keine steilen Wege.

Wanderkarte 1:25000 Hellenthal (Nr. 14), zusammen mit 1:25000 Belgische Nordeifel. 1:50000 Deutsch-Belgischer Naturpark, Nordteil oder Südteil.

Anmerkung Einsame Waldwanderung mit Grenzübertritten. Einkehrmöglichkeiten nur im Rasthaus Weißer Stein sowie am Grenzübergang Losheimergraben, also jeweils zur »Halbzeit«. Der Aussichtsturm am Wanderparkplatz bei Udenbreth (Höhe 689,6 m) gewährt freien Blick über weite Teile des deutsch-belgischen Naturparkes.

Wissenswertes Zum Weißen Stein siehe Tour 51. – Der Ortsname Udenbreth bildete sich aus »Odin«, zuzüglich lateinisch »pratum« = Wiese. – Der Name Losheimergraben stammt von einem Grenzgraben zwischen Kurtrier und den Niederlanden (Oranien). Von dieser Quellhöhe (678 m) entspringen die Flüsse Kyll, Our, Warche und Holzwarche. Die Kyll – lateinisch »celbis« oder »celba« – erhielt ihren Namen wohl von keltisch »kill« = Buchenwald. Die Our wird erstmals 816 n.Chr. als »Hura« beurkundet; ihr Name bedeutet soviel wie fließendes Wasser. Der Name der Warche – und damit auch der Holzwarche – wird erstmals im Diplom (Grenzziehungsurkunde) des Frankenkönigs Childerich II. (670 n.Chr.) als »Warcinna« genannt, doch ist der Name »Work« bereits durch die Römersiedlung »Worrica« (auf dem Grund der Bütgenbacher Talsperre) nachgewiesen.

Tourenbeschreibung Vom *Parkplatz Weißer Stein* überschreiten wir die B 265, gehen nach rechts 100 Meter an ihrem Rand, biegen am ersten Waldweg aber links der Straße in die parallel zur Straßenböschung verlaufende Langlaufpiste (Waldweg) ein, die unten den jungen *Edesbach* überquert. Mit dem erreichten *Mürringer Weg* von der Bundesstraße abschwenken, in das belgische Waldgebiet *Auf Weißen Stein*, und vom *Bocksvenn* (Schutzhütte bleibt rechts) auf Wanderweg 32 das Edesbachtal

ganz hinunter zum *Wanderparkplatz Weißer Stein* vor der *Holz-warchebrücke.* (¾ Stunde)

Nun folgen wir dem weiß-rot markierten Hauptwanderweg: Etwa am unteren Parkplatzende links abbiegend ansteigen, nach 40 Metern rechts herum; die nächste Forststraße abwärts ins *Na-turschutzgebiet Holzwarche;* jenseits der Brücke über die Holz-warche links abbiegen und erst am Waldrand ansteigen, dann im Wald und wenig später nach links und wieder rechts knicken; von einem 5-Wege-Treff nach rechts; die Nationalstraße nach links nur überschreiten und einen Waldfahrweg weitläufig ab-wärts; aus einer Rechtskurve (von Wanderung 22 abweichend) nach links (Wegedreieck) abbiegen; bald über einen *Quellgang der Warche* und bis zur Teerstraße (nach Buchholz) ansteigen. (Wieder 1 Stunde)

Jetzt nehmen wir Wanderweg 26: Diese Straße etwas hoch, oberhalb der Kurve jedoch rechts in den Waldweg; in der näch-sten Quellsenke (Trinkwasserschutzgebiet) links abbiegen und im bewaldeten *Reumesvenn* aufwärts zur Nationalstraße, die uns rechts zum *Grenzübergang Losheimergraben* gelangen läßt. (Nochmals ½ Stunde)

Geradeaus ins Deutsche und die B 265 abwärts, auch noch durch die Rechtskurve, dann links auf einem Fahrweg in den *Zitterwald.* Nach ½ Stunde, an einer Wegekreuzung, links hinab und dem *Zitterwaldweg* (»Z«) folgen: Unten über die *Kyll,* nach rechts und rechts ausbiegen; bald über den verrohrten *Tiefen-bornsiefen* und bis in die nächste Wegkurve; dort rechts abbie-

Fliegenpilze im Naturschutzgebiet Perlenbachtal   (Foto: Hans Naumann)

gen, durch den Fichtenschlag; auf zwei Brücken über den *Ötzelbach*, hangaufwärts und links das *Ötzelbachtal* ganz hinauf zur *Zitterwaldhütte* und noch 200 Meter weiter. Dann links in Weg A 7, 8, 9 umwechseln, durch das Tal des *Rabensiefen* und die *Skiabfahrt* hinauf, deren Steilstrecke links umgangen wird. Vom Lift die Zufahrt hoch zum Parkplatz.

53 Schleiden – zum Wildfreigehege Hellenthal

Verkehrsmöglichkeiten   Buslinien Kall – Hellenthal, Aachen – Hellenthal, Monschau – Schleiden und Düren – Schleiden.
Parkmöglichkeiten   Parkplätze ausgeschildert.
Wegmarkierungen   Siehe Tourenbeschreibung.
Tourenlänge   13 Kilometer.
Wanderzeit   Etwa 3 Stunden.
Höhenunterschiede   Insgesamt 430 Meter. Keine steilen Wege.
Wanderkarte   1:25 000 Schleiden – Gemünd (Nr. 4).
Abkürzung   Vom Wildgehege auf Wanderweg 2 abwärts nach Hellenthal und von dort mit dem Bus zurück (8 km, 2½ Stunden); in der Kartenskizze gestrichelt.
Anmerkung   Einkehrmöglichkeiten am Wildgehege und in der Weiermühle (Abstecher).
Naturpark-Information   Wildfreigehege Hellenthal: Schalenwild, Raubwild, vor allem Greifvögel, auch Freiflug- und Fütterungsvorführungen; ganzjährig geöffnet. – Waldlehrpfad Schleiden – Philosophenweg (1 km), Am Mühlenberg; frei zugänglich.
Wissenswertes   Die Herrschaft Schleiden wurde schon früh luxemburgisches Lehen. Schloß (ab 12. Jahrhundert); ehemalige Schloßkirche, heute katholische Pfarrkirche, erbaut 1516–1525 an der Stelle einer früheren Kapelle (1230). Der Jurist Johannes Philipps (1506–1556), der sich nach seinem Geburtsort »Sleidanus« (der Schleidener) nannte, wurde unter diesem Namen berühmt durch die erste protestantisch-lutherische Darstellung der Reformation. Näheres zu Schleiden siehe »Die schöne Eifel«, Heft Schleiden, herausgegeben vom Eifelverein.
Tourenbeschreibung   In *Schleiden* beginnt die Wanderung im verkehrsberuhigten Stadtzentrum mit Weg 4 und dem »schwarzen Keil« des Hauptwanderweges: »Vorburg« hinauf; gegenüber der *Schloßkirche* links und unterhalb der Schloßmauern zur Straße (nach Bronsfeld), die lediglich überschritten wird; der *Olef* entlang an den Schulen vorbei; vom Ende dieses Uferweges

die Tritte hoch, nach links und durch den Steilhang, zuletzt abwärts zum Waldstraßentreff am *Hellesbach.*

Vor der Bachbrüche bleibend auf Weg 4a das ganze *Hellesbachtal* aufwärts (Bach zur Linken). Oben, am unteren Wiesenrand, über das verrohrte Gewässer, ein wenig bergab, dann auf dem Hauptweg (4) ein erlenbestandenes Quelltal hoch. Auf der Höhe über die Landstraße zum *Wildfreigehege.* (2 Stunden)

Den Rückweg treten wir im Parkplatzgelände nahe dem Einfahrt-Torbogen mit Inschrift an, und zwar auf dem schnurgeraden Feldweg zum Kiefernwald *Herrensheck* hinauf (großer Wasserbunker zur Linken). Vor dem Wald rechts, am *Ludwigshof* vorbei bis vor die Straße am *Dellenhof.* Rechts auf dem Wirtschaftsweg über den *Schorrenberg* 300 Meter weiter, bis wieder der Wanderweg 4 kreuzt, den wir nun beibehalten: Über die Straße und abwärts; vor dem Wald rechts und 900 Meter durchgehen, dann (Achtung!) an einer einzelnen Erle scharf links abbiegen und das *Berenbachtal* ganz abwärts – tiefer mit einer Waldstraße, die später über den Bach kreuzt – bis zur Teerstraße neben *Weiermühle;* diese rechts hoch, aber neben dem Hausdach einbiegen, am Campingplatz vorbei; am Hang des *Dieffenbachtales* durch den *Kammerwald* über Trimmpfad, *Ehrenfriedhof* und *Schloß* zurück.

54 Gemünd – Wolfgarten – Abtei Mariawald

Verkehrsmöglichkeiten   Buslinie Schleiden – Düren zwischen Gemünd und Mariawald.
Parkmöglichkeiten   In Gemünd beschildert.
Wegmarkierungen   Hinweg wechselnd; siehe Tourenbeschreibung. Rückweg »schwarzer Keil« (Hauptwanderweg 4).
Tourenlänge   16 Kilometer; Abkürzungen beachten.
Wanderzeit   Etwa 4 Stunden.
Höhenunterschiede   Insgesamt etwa 700 Meter. Bergwanderung! Steile Anstiege auf dem Hinweg ab Gemünd, auf dem Rückweg bis auf den Kermeter.
Wanderkarte   1 : 25 000 Schleiden – Gemünd (Nr. 4).
Abkürzungen   1. Hin- oder Rückfahrt mit dem Bus.
2. Nur von Gemünd bis Wolfgarten und zurück (5 km, 1¼ Stunden).
3. Nur vom Parkplatz Tönnishäuschen (an der B 265 bei Wolfgarten) zur Abtei Mariawald und zurück. Zu- und Abgang (in der Kartenskizze gestrichelt): Vom Parkplatz auf dem »Jägerpfad« A 1 bis zum Bernersweg. Bei der Rückkehr in Wolfgarten von der Straße »Zum Stich« in die Straße »Am Merrchen« und der Markierung »schwarzer Winkel« folgen.
Verlängerungen   Kombiniert mit Wanderung 8 ergeben sich zwei schöne Tagestouren zwischen Gemünd und Heimbach.
Anmerkung   Einkehrmöglichkeiten unterwegs in Wolfgarten und in der Klostergaststätte Mariawald (insbesondere Erbsensuppe). Berühmt ist auch der Klosterlikör.

Abtei
Mariawald

Herbstbach

Kermeter

Heimbach

von
Schwammenauel

Haus
Kermeter

Weimert

Lorbach

Böttenbach

Forsthaus
Mariawald

von Köln,
Euskirchen

Wolfgarten

Großer

Parkplatz
Tönnishäuschen

Wild- und Waldlehrpfad

Urfttalsperre

Kaisereiche
Berners-
knipp

B 265

DJH

Gemünd

Malsbenden

Urft

nach
Kall

B 266

Bhf.

B 266

0   0,5   2 km

von
Monschau,
Simmerath,
Aachen

von Schleiden

N

Naturpark-Information Informationsstelle des Naturparks Nordeifel im Gemünder Haus des Kurgastes neben dem Kurhaus: Außer wechselnden Ausstellungen zeigt eine Dauerausstellung »Die Eifel – eine Kulturlandschaft« die Entwicklung der Nordeifellandschaften ab den Urzeiten. Auskünfte, Karten und Kurzbeschreibung der Wanderwege.

Wissenswertes Gemünd, am Zusammenfluß von Urft und Olef, ist heute der moderne Kurort der Stadt Schleiden. Einst gehörte das rechte Urftufer zum Herzogtum Jülich, das linke den Herren von Dreiborn. Siehe zur Geschichte »Die schöne Eifel«, Heft Gemünd (hrsg. vom Eifelverein).

Tourenbeschreibung Unterhalb des Kurhauses überschreiten wir die *Urft* auf der *Bürgermeister-Töchters-Brücke*, steigen nach links bis vor das Schwimmbadgebäude und folgen dem *Bernersweg 2:* Steil hoch zur *Kaisereiche* und vom *Bernersknipp* hinauf nach *Wolfgarten.* (¾ Stunde)

Links in die Straße »Zum Stich«, rechts »Wolfgarten«, die »Kermeterstraße« abwärts; über die Landstraße hinweg (A 2, Schranke) zum *Forsthaus Mariawald.* Dort in den linken (!) Waldfahrweg wechseln, der sich 5 Kilometer am *Kermeter* über

(Foto: Ulrich Schnabel)

157

dem *Heimbachtal* hinzieht. Kurz vor Erreichen der Landstraße
rechts ausbiegen und auf Wanderweg 6, 7 zur bereits nahen *Abtei Mariawald.* (2 Stunden)

Den ganzen Rückweg zeigt der »schwarze Keil«: Oberhalb
des Klosters den Parkplatz hinauf und neben der Landstraße
(Richtung Gemünd) hoch bis am *Lorbachskopf;* links über die
Landstraße und erst noch an dieser Ostseite der Kermeterhöhenstraße weiter, später an der Westseite; durch die Quellsenke
des *Großen Böttenbaches* und hinauf nach *Wolfgarten.* (Ab Mariawald 1 Stunde)

»Zum Stich« bis zum Winkel »Am Merrchen«. Vor der Naturparkkarte durch die Absperrung erst noch bergauf, an der Gabelung hinter dem Wasserhochbehälter nach rechts und den
Stich hinab; im *Scheuerbachtal* den *Nachtigallenweg* hinunter bis
vor das *Altersheim.*

Rechts abbiegen und mit Weg 3, 4 zurück zur *Urftbrücke* am
Kurhaus.

55   Zwischen Wildenburg und Reifferscheid

Parkmöglichkeiten   Wildenburg oder Burg Reifferscheid, auch
Wanderparkplatz Zingscheider Berg.

Wegmarkierungen   Von   Wildenburg   nach   Reifferscheid
»schwarzer Winkel« (Hauptwanderweg 12). Ansonsten siehe
Tourenbeschreibung.

Tourenlänge   9 Kilometer.   **Wanderzeit**   2½ Stunden.

Höhenunterschiede   Insgesamt etwa 500 Meter. Zum Teil kräftige Auf- und Abstiege, jedoch nicht ausgesprochen steil.

Wanderkarte   1:25000 Hellenthal (Nr. 14).

Anmerkung   Einkehrmöglichkeiten am Wege in Wildenburg,
Reifferscheid und Manscheid.

Wissenswertes   Die Burg Reifferscheid wird urkundlich bereits
1106 erwähnt, ihre Kapelle wurde bereits 1130 Pfarrkirche; Landesherr war damals Walram III., Herzog von Nieder-Lothringen
und Limburg. Aus einer Besitzteilung der Brüder Gerhard und
Philipp von Reifferscheid entstand die bereits 1190 nachgewiesene Wildenburg. Diese war von 1414 bis 1639 im Besitz der Herren von Palandt, denen zu jener Zeit auch die Burg Reuland gehörte; 1714 an das Kloster Steinfeld verkauft, zum Schloß umgebaut; heute Bildungsstätte des Bistums Aachen. – Hingewiesen
wird auf die Geschichtstafel am Eingang zur Kirche Wildenburg

sowie auf die Grabplatten derer zu Salm-Reifferscheid in der Reifferscheider Pfarrkirche.

Tourenbeschreibung Vom Parkplatz an der Bushaltestelle *Wildenburg* folgen wir dem »schwarzen Winkel«: Die Straße abwärts, in der Linkskehre rechts ins *Leiderbachtal,* dann hinauf nach *Zingscheid;* erste Ortsstraße rechts und gerade abwärts bis unter den Ort, dort rechts zur Straße; diese abwärts, dann aber ihre Kurven abkürzend, auch am Heim der Arbeiterwohlfahrt; am *Parkplatz Zingscheider Berg* (Achtung!) links über die Straße und hinter einer Bank den Weg hinab; unten »Römerstraße« rechts, dann »Liebfrauenstraße«, über die Umgehungsstraße und in *Reifferscheid* »Im Tal«, danach die »Burgstraße« bis zum Haus Nr. 14 hinauf. (1 Stunde)

Von der Straße abweichend in Gegenrichtung den Hangweg hoch zur Kirche. Durch den Torbogen der *Vorburg* aufsteigen und links zur *Burgruine.* Der Abgang erfolgt auf dem »Zehntweg«, »In der Freiheit« durch den Torbogen.

Links über den Wanderparkplatz und am Naturparkschild die Feldstraße hinab, aber bereits vor der Brücke über den *Keinzelbach* scharf links den Fußweg talwärts zurück nach *Reifferscheid.*

Nun nehmen wir den Hinweg mit der Markierung »schwarzer Keil« zurück, jedoch am Kapellchen, an dem wir die »Römerstraße« zuerst erreichten, auf dieser weiter nach *Wiesen.* »Im Wiesengrund« über die Querstraße und den *Manscheider Bach,* hinter der *Marienkapelle* links in den »Rosenweg« und diesen Wanderweg 3 über dem Tal durchgehen nach *Manscheid.*

Über die Bachbrücke, Richtung Wildenburg aufwärts bis oberhalb des letzten Hauses, dort rechts in den Hang. Bereits in der ersten Linkskurve links abbiegen und den Pfad (Weg 3) bergauf nach *Wildenburg.*

56 Urft – Eifelbasilika Steinfeld – Marmagen – Nettersheim – Römerkanal-Wanderweg

Verkehrsmöglichkeiten   Bundesbahn-Eifelstrecke Köln – Trier, Bahnhöfe Urft oder Nettersheim.

Parkmöglichkeiten   An der Straßenkreuzung in Nähe des Bahnhofs Urft. – Weitere Wanderparkplätze an der Strecke: Steinfeld, Marmagen (am Eiffelplatz) sowie Nettersheim (Nähe Bahnhof).

Wegmarkierungen   Wechselnd; siehe Tourenbeschreibung.

Tourenlänge   18 Kilometer.

Wanderzeit   4½ Stunden.

Höhenunterschiede   Insgesamt etwa 500 Meter. Steilaufstieg vor Steinfeld, steiler Abstieg ins Gillesbachtal. Kräftiger Anstieg auch vor der Görresburg.

Wanderkarte   1:25000 Nettersheim – Kall (Nr. 5).

Abkürzung   Von Nettersheim mit dem Zug nach Urft (1¼ Stunden weniger Wanderzeit).

Anmerkung   Einkehrmöglichkeiten in den Orten.

Naturpark-Informationen   Naturlehrpfad am Jugendwaldheim Urft. – Zu Nettersheim siehe Tour 57. – Am Wanderweg liegen fünf Naturschutzgebiete.

Wissenswertes   Die Urft, 1075 n. Chr. erstmals als »Urdefa« erwähnt, entspringt im Dahlemer Wald an der Wasserscheide zwischen Rhein, Maas und Mosel. – Burg Dalbenden, bereits 1252 beurkundet, im Mittelalter auch Schmelzhütte und Eisenhammer, heute Hotel. – Die an der Hangsickerquelle Grüner Pütz unterhalb Nettersheim beginnende römische Wasserleitung nach Köln, erbaut ab 2. Jahrhundert und 95,4 Kilometer lang, stellt die gewaltigste Ingenieurleistung der Römer auf deutschem Boden dar. Wegen der kulturgeschichtlichen Bedeutung ist ein eigener Römerkanal-Wanderweg von Nettersheim nach Köln eingerichtet, kartographisch erfaßt, beschildert und beschrieben worden: »Der Römerkanal-Wanderweg«, Karten- und Textband (hrsg. vom Eifelverein), im Buchhandel. – Kloster Steinfeld, fast vollständig erhaltene mittelalterliche Reichsabtei, gegründet 1069, heute Salvatorianerkloster mit Gymnasium. Die jährlichen Steinfelder Musikfeste bilden einen Höhepunkt des Eifeler Kulturlebens. – Marmagen entwickelte sich aus dem Römerkastell Marcomagnum an der Römerstraße nach Köln. Der »Eiffelplatz« erinnert an den Enkel der um 1710 von Marmagen nach Frankreich ausgewanderten Familie Bönickhausen (die sich in der Fremde »Eifel« oder »Eiffel« nannte), jenen Alexandre Gustave Eiffel, der 1889 zur Weltausstellung den 300 Meter hohen Pariser Eiffelturm erbaute. Der aufstrebende Fremdenverkehrsort ist heute vor allem bekannt durch seine Eifelhöhenklinik.

Tourenbeschreibung Vom Parkplatz gehen wir über die Gleise, neben dem Bahnhof in den Ort *Urft,* biegen aber sogleich rechts (Radwege!) in die Sackgasse »Auf dem Stein«, die sich als »Mühlgraben« fortsetzt. Neben *Dalbenden* nicht über die Bahn, vielmehr auf Weg A 4: Ansteigen, von der Verzweigung am Waldrand hoch, später durch den Wald und am Friedhof vorbei nach *Steinfeld.*

Gegenüber dem Hauptzugang der *Eifelbasilika* zwischen die Hotels (Hallenthaler Straße) und mit dem »schwarzen Keil« weiter: Abwärts ins *Gillesbachtal;* gegenüber der *Hallenthaler Mühle* rechts dieses Tal aufwärts, im *Naturschutzgebiet Hunds-*

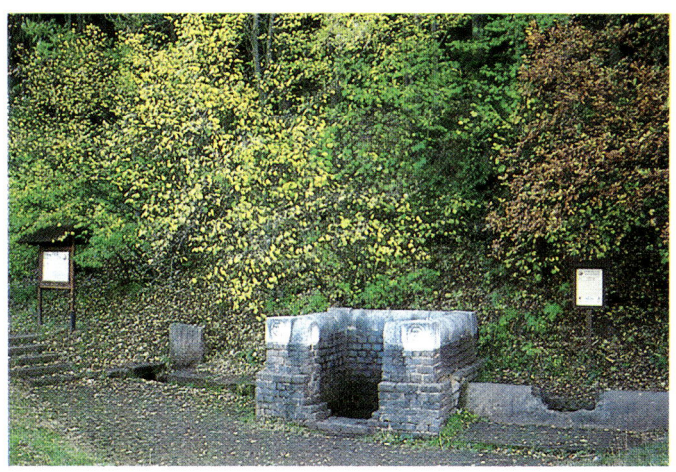

Nettersheim, Römerquelle »Grüner Pütz«   (Foto: Hans Naumann)

rück oberhalb einer Teichanlage vorbei zur Kreisstraße unterhalb *Wahlen;* über die Brücke und diese Straße aufwärts, bis zum Ortsschild *Marmagen.* (1½ Stunden).

Rechts »Zur Vorheck« einbiegen; aus der Senke wieder ansteigen, von der nächsten Kreuzung links »Zum Mertesberg«, weiter oben rechts »Burgstraße« zur »Kölner Straße«. Diese links, an der Kirche vorbei. Oberhalb »Eiffelplatz« (Gedenktafel!) auf Weg 3: »Keltenring«, »Heideweg« aus dem Ort; von der höchsten Stelle links abwärts ins *Schleifbachtal,* das (ungeachtet der bald wieder ansteigenden Teerstraße) abwärts gewandert wird, bis im *Naturschutzgebiet Schleifbach,* an einer Straße, rechts das Schild des *Archäologischen Wanderpfades* auffällt.

Durch den Zaun und hinauf zum *Tempelbezirk Görresburg.* An der oberen Seite die Feldstraße hinab. Vom Wanderparkplatz rechts hinunter, über die Bahn, dann mit Trittstufen zur Linken abwärts und am *Römerweiher* zur anderen Seite des *Urfttales.* An dieser Ostseite der *Urft* auf dem *Urfttalweg* (U) nach *Nettersheim.* Hinter dem wieder errichteten *Kalkofen* über die Bahn abbiegen, vor der Urftbrücke rechts auf den Uferweg. (Wieder 1½ Stunden)

Zwischen dem *Naturschutzzentrum Eifel* und dem (an der anderen Bachseite gelegenen) Informationshaus finden wir ein hier aufgestelltes *Teilstück der Römischen Eifelwasserleitung* und Tafel 1 des *Römerkanal-Wanderweges,* dem wir nun folgen: Neben der Urft, die bald überbrückt wird; die »Bahnhofstraße« nur überschreiten, von der »Steinfelder Straße« in die »Talstraße«

(Foto: Klaus Puntschuh)

und das Urfttal abwärts, bis unterhalb der *Gronrechsmühle* der *Grüne Pütz* erreicht ist, *Hangsickerquelle der einstigen römischen Wasserleitung nach Köln* mit den Tafeln 2 und 3; oberhalb des Bahnwärterhauses wieder auf dem Fahrweg; hinter Tafel 4 an der Rufschranke über die Gleise und nach links erneut durch das *Naturschutzgebiet Urfttal;* hinter Tafel 5 oberhalb *Neuwerk* vorbei, und von Tafel 6 zum Parkplatz und Bahnhof Urft.

57 Nettersheim – Natur- und Geschichtspfad – Geologischer Wanderpfad

Verkehrsmöglichkeiten Bundesbahn-Eifelstrecke Köln – Trier. Busverbindungen von Jünkerath, Kall und Bad Münstereifel.
Parkmöglichkeiten Am Bahnhof.
Wegmarkierungen Rundweg 1 bis Rötziger Tal. Etliche Schilder und Erklärungstafeln.
Tourenlänge 14 Kilometer. Mehrfache Abkürzungen, aber auch Verlängerungen möglich.
Wanderzeit 3½ Stunden.
Höhenunterschiede Etwa 450 Meter. Keine steilen Wege.
Wanderkarte 1 : 25 000 Nettersheim – Kall (Nr. 5).
Abkürzungen Die Anfänge der folgenden Abkürzungen werden in der Tourenbeschreibung erwähnt: 1. Von der Görresburg an der linken Urftseite direkt zurück (1 Stunde). 2. Das Genfbachtal an der rechten Bachseite abwärts zurück (1½ Stunden). 3. Vom Waldlehrpfad Sitert am Friedhof vorbei zurück (2 Stunden).
Verlängerung Den Natur- und Geschichtspfad vollständig (19,5 km, 5 Stunden) abwandern, also vom Rötziger Tal auf diesem Rundweg 1 bleiben. Eine Kurzbeschreibung des ganzen Weges befindet sich auf der Rückseite der Wanderkarte!
Anmerkung Unterwegs keine Einkehrmöglichkeit.
Naturpark-Informationen Naturschutzzentrum Eifel am Römerplatz; dort auch Fahrradverleih. – Natur-, Geschichts- und Waldlehrpfade, geologischer und archäologischer Wanderpfad. Dazu Auskunft, Karten, Kurzbeschreibungen, Broschüren und Wanderführer im Informationshaus »Alte Schmiede« (an der Bahnhofstraße, Richtung Marmagen). In diesem Haus auch eine Archäologische Ausstellung und Fossiliensammlung. – Zum Wandergebiet siehe auch die Schriftenreihen »Die schöne Eifel«, Heft Nettersheim, (hrsg. vom Eifelverein), sowie »Rheinische Landschaften«, Heft 39 »Nettersheim, ein Zentrum für Na-

turschutz im Deutsch-Belgischen Naturpark«; beide Schriften
sind im Buchhandel und auch im Informationshaus erhältlich.
Wissenswertes Das Gebiet ist seit der Altsteinzeit besiedelt.
Der Ort Nettersheim wird erstmals 867 n. Chr. in einem Doku-
ment König Lothar II. als »Nefresheim« genannt und gehörte
als Adelssitz von 1430 bis 1794 zum Herzogtum Jülich. Heute
Zentrum einer großen Landgemeinde und vor allem bekannt
durch die unterhalb des Ortes im Urfttal befindliche Hangsik-
kerquelle »Grüner Pütz«, Anfang der römischen Eifelwasserleitung nach Köln (siehe dazu Tour 56).

Tourenbeschreibung   Vom Bahnhof folgen wir (für fast 3 Stunden) dem *Natur- und Geschichtspfad,* auch Rundweg 1: Über die Gleise und die *Urft,* hinter der Brücke links dem Ufer entlang, bald an der anderen Bachseite in die *Parkanlage Pfaffenbenden* (Teilstück des Römerkanals und andere Darstellungen); in einem Abstecher über die Urft zum *Informationshaus »Alte Schmiede«;* zurück in den Park und neben der Urft zum *Naturschutzzentrum Eifel.*

Weiter neben der Urft, in die Straße »Römerplatz« nach links, über die Bahngleise und »Kaninhecke« nach rechts; an den restaurierten *Kalköfen* (Tafel 4) vorbei zu den *Werkhäusern mit geologischer Ausstellung,* weiter diesen Talweg aufwärts bis hinter den *Römerweiher;* rechts abbiegen, auf einem Steg über die Urft, rechts ansteigend über die Bahn, vom Wanderparkplatz links hoch und oben zum *gallo-römischen Tempelbezirk »Görresburg«* einbiegen; an der Rückseite der Anlage in das *Naturschutzgebiet Schleifbachtal* absteigen und wieder zurück zum vorgenannten Wanderparkplatz. (1. Abkürzung: Nach links und an der linken Urftseite zurück.)

Wieder über die Bahn absteigen, auf dieser Straße auch über die Urft und zum *römischen Werkplatz Steinrütsch;* oberhalb dieser Fläche am Waldrand den Fahrweg ansteigen, wobei der *Wellenbach* erst zur Linken fließt, aber bald überschritten wird; auf der Höhe geradeaus über die Kreuzung, am *Pflanzgarten* vorbei, hinter den *Angelweihern* links auf einem Sträßchen das *Borbachtal* vollständig abwärts; unten den *Genfbach* überbrücken. (2. Abkürzung: Nach links dieses Tal abwärts zurück.)

Nach rechts das Genfbachtal in seinem *Naturschutzgebiet* aufwärts, auch noch am *Roteisensteinflöz* vorbei; an der folgenden Wegverzweigung links ins *Hubachtal,* nach wenigen Schritten erneut links und im *Waldgebiet Sitert/Baumbusch* bergauf zum *Wald- und Vogellehrpfad;* von den Anschlagtafeln am *Waldsportpfad* abwärts zum geteerten Querweg an einem kleinen *Feuchtbiotop.* (3. Abkürzung: Links abwärts, am Friedhof vorbei zurück.)

Nach rechts den Fahrweg ansteigen, auf ihm auch durch eine Links- und eine Rechtskurve; die K 59 aufwärts, vor ihrer Kurve (nicht vorher) rechts und durch den Wald zum *Matronenheiligtum »Vor Hirschberg«;* vom Holzwerk neben dem Gewerbegebiet aufwärts, oben, vor der Straßenkurve, zum Parkplatz einbiegen; die K 59 überqueren, abwärts und rechts nach *Zingsheim,* in die »Pfalzstraße«, auch durch eine Senke und vor der »Krausstraße« nach links; in dieser Richtung gerade abwärts aus dem Ort, am Knick der Hochleitung wieder rechts abbiegen; die

L 205 unterqueren, an der nächsten Abzweigung geradeaus (!),
wenig danach rechts an dem Wäldchen »*Gleisiger Heck*« vorbei,
in dem sich ein *fränkisches Gräberfeld* verbirgt; in der Linkskurve dieses Feldfahrweges nach rechts in einen Feldweg abbiegen,
von dessen Ende den Fahrweg abwärts ins *Rötziger Tal*. Nach
etwa 300 Metern zweigt der Natur- und Geschichtspfad (Rundweg 1) rechts ab; wir verlassen ihn aber hier und wandern statt
dessen das Rötziger Tal ganz hinab ins Urfttal.

An dieser Talseite aufwärts, entpuppt sich die Straße später
als *Geologischer Wanderpfad* mit Schautafeln. Wieder in Nettersheim, biegen wir vom *Rosenthal* »Auf der Aerk« über die
Urft ab; hinter der Bahn die »Steinfelder Straße« hinab und
links zur »Bahnhofstraße«.

58 Bahnhof Blankenheim (Wald) – Wacholderweg – Blankenheim – Sonnenweg

Verkehrsmöglichkeiten Bundesbahn-Eifelstrecke Köln – Trier,
Buslinien 4332 und 4340 von und nach Blankenheim.
Parkmöglichkeiten Am Bahnhof. In Blankenheim gegenüber
dem Rathaus, mit Parkuhren für ganztägigen Aufenthalt.
Wegmarkierungen Wechselnd; siehe Tourenbeschreibung.
Tourenlänge 18 Kilometer.   **Wanderzeit** 4½ Stunden.
Höhenunterschiede Insgesamt etwa 760 Meter. Steiler Auf-
stieg vor dem Russenkreuz (10 Minuten) und Treppen zur Burg
Blankenheim. Sonst leicht zu begehen.
Wanderkarte 1:25000 Blankenheim – oberes Ahrtal (Nr. 12).
Abkürzung Eine Streckenhälfte mit dem Bus.
Anmerkung Einkehrmöglichkeiten zur Halbzeit in Blanken-
heim; also Wegzehrung mitnehmen.
Naturpark-Informationen Waldlehrpfad Freilingen, am Frei-
linger See, Länge 2 Kilometer, frei zugänglich. – Geologischer
Lehr- und Wanderpfad. Begleitschrift mit Karte beim Kur- und
Verkehrsverein Oberahr im Rathaus. – Heimatmuseum des
Kreises Euskirchen, Johannesstraße 6 (montags geschlossen). –
Zum Wacholderstrauch siehe Tour 60.
Wissenswertes Der »Wacholderweg« verläuft vom Bahnhof
Blankenheim (Wald) bis Ahrdorf (25 km) durch die größten
Wacholdergebiete der Kalkeifel, welche aus dem Korallensaum-
riff des subtropischen Eifel-Flachmeeres (Devon, vor 380 bis 320
Millionen Jahren) entstanden. In Gegenrichtung verläuft nörd-

lich der Ahr der »Sonnenweg«. – 53 v. Chr. vernichtete der römische Feldherr Cäsar die (auch) im Blankenheimer Gebiet ansässigen keltischen Eburonen. Deren König Katavolkus brachte sich mit den Früchten der Eibe um. Die Römer bauten an ihrer Heerstraße Trier – Köln, welche durch den Mürel verlief, bei Blankenheimerdorf den Gutshof »villa urbana«. Die Franken errichteten dort einen Königshof (721 n. Chr.: »blancio«). Ob der Name Blankenheim von diesem »blancio« stammt oder von dem aus dem Geschlecht von Are stammenden Edelmann Albinus (oder »Blanke«, 898 n. Chr.) ist unerforscht. Als Gerhard I. von Blankenheim, Gerhardstein (Gerolstein) und Casselburg 1115 eine Burg hoch über der Ahrquelle errichtete, entstand zu deren Füßen im »Thal« das heutige Blankenheim, während die frühere Lage in Blankenheimerdorf umbenannt wurde. Von hier breitete sich das mächtigste Grafengeschlecht der Eifel aus. – Der Name der Ahr, die als eine der stärksten Eifelquellen (»Steinpütz« genannt) in einer 1726 in einer Scheune angelegten »Brunnenstube« zutage tritt, stammt von keltisch »ara« (= Wasserlauf). Nach dem »Gesetz«, daß Flüsse nach ihrer entferntesten Quelle benannt werden sollen, müßte die Ahr eigentlich »Nonnenbach« heißen. Der »Nunninbach« wird erstmals im 12. Jahrhundert erwähnt, aber schon zur gallischen Zeit gab es den Hof des »Solimarus« (Schlemmershof). – Die Ahrtalbahn, als strategische Bahnlinie erbaut, wurde nach dem Zweiten Weltkrieg stillgelegt.

Tourenbeschreibung Vom Bahnhof folgen wir dem *Wacholderweg* »W«: Zur B 258 und mit ihr über Bahn und *Urft;* rechts in die »Altenburger Straße« und bald bergauf, auch westlich *Gut Altenburg* und zur B 51; diese vorsichtig überqueren, nach rechts und erneut in den Wald; an der nächsten Gabelung in den Fahrweg zur Linken und bald ständig bergab bis unterhalb *Schlemmershof.*

Vor der *Nonnenbachbrücke* links in Weg 7, 10: Hinter Sitzplatz und Schranke steiler als der Fahrweg ansteigen bis zur *Schutzhütte* auf der Höhe. Vor dem *Russenkreuz,* das zwischen zwei Bäumen auf einem *vorzeitlichen Hügelgrab* steht, in die Straße nach links und im Rechtsbogen diesen »Nonnenbacher Weg« hinab nach *Blankenheim.* (2½ Stunden)

Über die Verkehrskreuzung am Rathaus sowie Verkehrsbüro vorbei und Schildern folgend zur *Ahrquelle;* dabei liegt zur Linken das besichtigenswerte *Kreismuseum* über uns. Von der Quelle ein paar Schritte zurück und Treppen hoch. »Am Hirtenturm« (*Hirtentor* links) nach rechts und oberhalb der Pfarrkirche

Urftaue (NSG)

Urft

M ü r e l

Schutzhütte ■

Naturschutzgebiet
Urftaue

Haubach-graben

von A1 Köln,
Bad Münstereifel

Römer-
straße

NSG

Urft

Stahlbuschseifen

Winkelbach

**Blanken-
heimerdorf**

Blankenheim

D JH

B 258

B 258

zum Nürburgring

Bhf. **Blankenheim-Wald**

■ **Forsthaus**

B 51 (neu)

Nußheckhof

Wallbach

Russenkreuz

■ **Schutzhütte**

■ **Gut Altenburg**

B 51 (E42)

Seidenbach

NSG

Nonnenbach

von Prüm, Trier,
Losheimergraben

0   0,5   2 km

St. Mariä Himmelfahrt den »Zuckerberg« hoch. Vor dem Pfarr-
hof links die Stufen hinauf und links herum aufsteigen zur *Burg*.

   Diese verlassen wir auf der Zufahrtsstraße und folgen Weg
»JH« und 14: Ab der Umgehungsstraße auf die nahe Kreuzung
zu, dieser gegenüber den Böschungspfad hoch, später im Gewerbegebiet die »Römerstraße« durchgehen, hinter der Fabrik
über die B 51 und noch 400 Meter in den Wald *Mürel*.

Dort links in den abzweigenden *Sonnenweg* »S«: Bis 350 Meter in die offene Flur; scharf rechts (zweischäftige Einzelfichte) abbiegen, durch das Tal des *Haubachgrabens,* über eine Waldhöhe und ins Tal des *Stahlbuschseifen* (Wegekreuzung); nach links talabwärts bis zur Straßenbrücke, auf dieser über den *Haubach* und das geteerte Sträßchen nur 60 Meter hinauf; rechts in den Grasweg und durch das *Naturschutzgebiet Im Simonsseifen;* abwärts über die *Urft* und die Bahn; am Wegetreff neben der Bahn das *Urfttal* (Wege »S«, »U«, 13) aufwärts, zurück zum Bahnhof.

59 Blankenheim – Ahrtalweg – Naturschutzgebiet Nonnenbachtal

Verkehrsmöglichkeiten Bundesbahn-Eifelstrecke Köln – Trier; Buslinien von den Bahnhöfen Mechernich, Jünkerath und Blankenheim (Wald) nach Blankenheim.
Parkmöglichkeiten Parkdeck gegenüber dem Rathaus, mit Parkuhren auch für ganztägigen Aufenthalt. Parken ist auch an den Sportstätten möglich.
Wegmarkierungen »A« (Ahrtalweg), ferner Wege 6, 8 und 9.
Tourenlänge 10 Kilometer.
Wanderzeit 2½ Stunden.
Höhenunterschiede Etwa 350 Meter. Keine steilen Wege.

Blankenheim, Blick vom Weiher auf die Burg   (Foto: Hans Naumann)

Wanderkarte   1:25 000 Blankenheim – oberes Ahrtal (Nr. 12).
Anmerkung   Wegzehrung mitnehmen.
Wissenswertes   Siehe Tour 58.
Tourenbeschreibung   Vom Parkdeck spazieren wir halbwegs um den Weiher und schwenken in den *Ahrtalweg* »A« (auch Weg 6): Neben den Sportstätten abwärts, ab der Kläranlage auf einem breiteren Weg das *Ahrtal* hinab; vor dem *Forellenhof* links abwärts, über den *Mülheimer Bach* und ein wenig talaufwärts; rechts unter den Damm der *einstigen Ahrtalbahn,* dahinter nach rechts ansteigen und (nicht links herum, vielmehr) geradeaus in den Hang der *Ahrberge,* bis dieser Weg sich zu einer querverlaufenden Waldstraße gesenkt hat. (1 Stunde)

Diese Waldstraße abwärts, erneut durch den Bahndamm, dahinter nach rechts; bald über die *Ahr* und die B 258 ins *Nonnenbachtal.* Von einem Wegetreff auf dem gleichen Fahrweg geradeaus über den *Wallbach* ins *Naturschutzgebiet Nonnenbachtal* und damit auf Wanderweg 9: Talaufwärts, an dieser nördlichen Bachseite bleiben, später mit Rechtskurve den *Kirspelsbusch* hinauf und bis zur Schutzhütte gegenüber dem *Russenkreuz.* (Wieder 1 Stunde)

Vor dem Russenkreuz über den Rastplatz in einen nicht markierten Waldpfad, der sich ins obere Wallbachtal senkt. Über den dort querenden Fahrweg hinweg auf Wanderweg 8: Feldweg bis zur Straße, an einem Gehöft; nach rechts auf dieser Straße »Nonnenbacher Weg« zurück nach *Blankenheim.*

60 Blankenheim: Alendorf – Wacholderschutzgebiet Lampertstal

Parkmöglichkeiten   An der Kriegsgräberstätte oberhalb Alendorf (Richtung Ripsdorf) am Fuß der Alten (St.-Agatha-)Kirche.

Wegmarkierungen   Wechselnd; siehe Tourenbeschreibung.

Tourenlänge   11 Kilometer

Wanderzeit   3 Stunden.

Höhenunterschiede   Insgesamt etwa 450 Meter. Einige jeweils kurze, jedoch kräftige Auf- und Abstiege.

Wanderkarte   1:25000 Blankenheim – oberes Ahrtal (Nr. 12).

Anmerkung   Rucksackverpflegung.

Naturpark-Information   Der Wacholder (immergrüner Baum) zählt zu den »Adeligen des grünen Reiches« und zu den ältesten Gehölzen der Eifel; er wird über 100 Jahre alt und bis etwa 10 Meter hoch. Seine Beeren sind im ersten Jahr grün, erst im zweiten Jahr reif und blau; da seine Pollen sich alljährlich im Mai verbreiten, gibt es Sträucher mit gleichzeitig grünen und blauen Beeren. Kalk- und Grauwackegestein genügen ihm als Boden. Die Geschichte des Wacholders ist verbunden mit der Entwicklung der Eifeleinöden, die aus Übernutzung des Waldes entstanden, verbunden mit dem Fraß der Schafe, der jede Wiederbewaldung verhinderte. 1850 waren 45 v. H. der Fläche der Zentraleifel zum Ödland geworden. Soweit heute noch Wacholderflächen bestehen, unterliegen sie dem Naturschutz, so das *Wacholderschutzgebiet Lampertstal* – das größte seiner Art in der Eifel – seit dem 1. 1. 1976. Es bezaubert im April und Mai durch ein Meer blühender Küchenschellen und ab Mitte Mai durch seltene Orchideen. Der Lampertsbach ist ein sogenannter »Verlierbach« mit zeit- und streckenweise unterirdischer Wasserführung.

Wissenswertes   *Alendorf* entstand an einer Römerstraße, wird 1271 erstmals genannt und gehörte zu Dollendorf und Blankenheim; älteste Pfarrei im Dekanat Blankenheim.

Tourenbeschreibung   Am Schild »Kriegsgräberstätte« über die Straße, auf Weg 36 an der *Kreuzwegstation* vorbei, nach rechts und den *Stationsweg* im *Naturschutzgebiet* hinauf auf den *Kalva-*

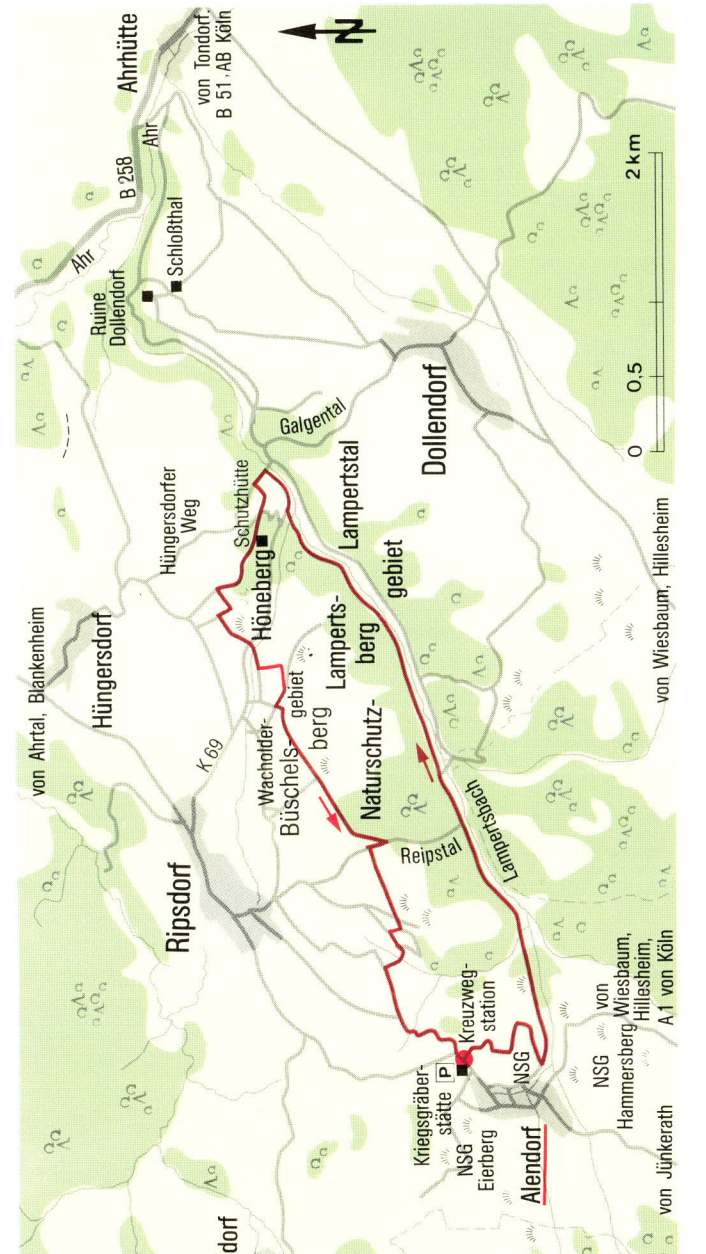

rienberg, von wo wir *Alendorf* und die Wacholderschutzgebiete Eierberg sowie Hammersberg überblicken.

Hinter dem Kreuz von 1675 nach links (!) hangabwärts bis ins Tal. Auf dem Fahrweg links und das *Lampertstal* an dieser nördlichen Seite 1 Stunde abwärts, zuletzt noch mit der Kreisstraße Ripsdorf – Dollendorf (K 69) bis oberhalb der Brücke über den Lampertsbach.

Dort wechseln wir in den *Wacholderweg* »W«: Den geteerten *Hüngersdorfer Weg* 150 Meter aufwärts, dann links abbiegen und über den *Höneberg,* mitten durch das Wacholderschutzgebiet und auch an der Schutzhütte vorbei; ein Wiesentälchen überqueren, um den nächsten Wacholderkopf und abwärts zur K 69, die lediglich überschritten wird; auf dem Feldweg bis 150 Meter hinter dem Bachlauf, dort links den *Büschelsberg* direkt ansteigen; oben auf der Feldstraße nach rechts ein wenig abwärts, dann links erneut hoch und vor den Kiefern nach rechts dem *Naturschutzgebiet* entlang, bis zur nächsten Feldstraße. (Bis hier 2 Stunden)

Nunmehr geht es ohne Markierung an der Nordbegrenzung des Naturschutzgebietes weiter: Geradeaus am Waldrand bleiben; wo sich der Wald zur Rechten öffnet, mit Linkskurve erst noch im *Haresbusch* bleiben, den nächsten Weg scharf rechts abwärts ins *Reipstal;* den Fahrweg nur (80 m) bis oberhalb des Sperrschildes aufwärts, links den Hang hinauf und geradeaus zum nächsten, aus dem Wald tretenden Fahrweg; auch diesen überschreiten, aber nur noch etwa 100 Meter dem Waldrand entlang.

Wo dieser Weg erneut in den Wald eintreten will, nach rechts in die Feldsenke abbiegen. Dort den querenden Feldweg nur wenige Schritte abwärts, nach rechts in einen anderen Feldweg, an den Wassergräben nochmals rechts und zum Gebüschrand ansteigen. In den Querweg vor diesem Gebüsch nach links; er ist später als Wanderweg 36/37 markiert und steigt auf zum Parkplatz.

61 Mechernich: Vussem – Kartstein – Römerkanal-Wanderweg

Verkehrsmöglichkeiten Buslinie Bahnhof Mechernich – Vussem – Blankenheim.

Parkmöglichkeiten In Vussem am Römischen Aquädukt (Titusstraße, Zufahrt ab B 477 im Ort beschildert).

Wegmarkierungen Wege 7 und 8. Eigenes Symbol, Pfeile, Schilder und Tafeln am Römerkanal-Wanderweg.

Tourenlänge 13 Kilometer.

Wanderzeit 3 Stunden (ohne Besichtigungen).

Höhenunterschiede Etwa 480 Meter. Mehrfaches Auf und Ab.

Wanderkarte 1:25 000 Mechernich – Kommern (Nr. 5 a).

Anmerkung Einkehrmöglichkeiten in Dreimühlen, am Kartstein und in Weyer (Abstecher). – Bei guter Sicht lohnt sich die Mitnahme eines Fernglases. – Wer in den Raum Mechernich kommt, sollte nicht versäumen, bei Kommern das Rheinische Freilichtmuseum und den Hochwildpark Rheinland zu besuchen; siehe Tour 62.

Naturpark-Information Der Kartstein im Naturschutzgebiet Kakushöhle und Steinwall entstand in Zwischeneiszeiten durch Kalkablagerungen des Hauserbaches. Als die Kalksteinbarriere zu mächtig wurde, suchte sich der Bach neue Wege. Die Kakushöhle gehört zu den ältesten Wohnstätten von Menschen in der Eifel. Auf die Anschlagtafeln wird verwiesen. – Zum Römerkanal siehe Tour 56.

Wissenswertes Der Name der Stadt Mechernich, zu der das ganze Wandergebiet gehört, stammt von der keltogermanischen Bergarbeitersiedlung »Macriniacum«. Über den Bleiberg verlief einst die Römerstraße Trier – Marmagen – Köln. – In Vussem überbrückte die Römische Wasserleitung Nettersheim – Köln das Veybachtal auf 75 Meter Breite; der Aquädukt stand auf 14 Pfeilern. Der Name »Vey« (oder »Fey«) ist vorrömischen Ursprungs. In Eiserfey, das bereits 867 n. Chr. als »vialla feia« belegt ist, wurde seit dem 14. Jahrhundert Braun- und Roteisenstein gefördert; die Verhüttung besorgten von den Herzögen von Arenberg angeworbene wallonische Reidmeister. Von Urfey und von Weyer kamen Nebenquellen in den Römerkanal. Der Name Weyer (865 »uineri«, später »Wyere«) stammt von »vivarium« = Fischteich. Pfarrkirche St. Cyriacus; im 12. Jahrhundert eine Basilika, die um 1500 zu einer spätgotischen Hallenkirche umgebaut wurde. – Kallmuth, bereits zur Keltenzeit eine befestigte Siedlung, wurde weithin bekannt durch die 1957 rekonstruierte römische Quellstube (2. Jh.), den »Klausbrun-

nen«. Vollem erhielt seinen Namen von einer »Vollmühle« (=
Walkmühle zur Filzherstellung). – Zum ganzen Gebiet: Siehe
vor allem »Die schöne Eifel«, Heft Mechernich (hrsg. vom Eifelverein) und »Rheinische Kunststätten«, Heft 235: Stadt Mechernich.

Tourenbeschreibung Vom Parkplatz folgen wir dem gekennzeichneten *Römerkanal-Wanderweg:* Oberhalb des Aquädukts
(Tafel 15) am Tor des Sportplatzes vorbei, den Pfad hoch zum
Friedhof. Oberhalb der Kapelle nehmen wir den Wanderweg 7:
Den Fahrweg ansteigen, erst im Wald bergauf, dann in den Feldern, oben nach rechts zum *Kiebusch;* nach links auf einem
Fahrweg dessen Rand entlang; im Linksbogen um den *Weinberg*
und hinab zur Straße (Eiserfey – Harzheim); diese 60 Meter abwärts, dann links die Feldstraße am *Birkenberg* hinauf bis zur

176

Straßenabzweigung unterhalb der Hofgebäude, dort nach rechts. An der nächsten Abzweigung ohne Markierung geradeaus und hinunter nach *Dreimühlen*, »Im Schlund«. (1 Stunde)

Ab der erreichten B 477 folgen wir dem Zeichen »schwarzer Winkel«: Die Bundesstraße aufwärts zum *Kartstein mit Kakushöhle;* vom Kiosk Richtung Abschnittswall die Tritte hoch; oberhalb der Stufen kann nach rechs auf den *Steinwall* gegangen werden, die Wanderung setzt sich aber nach links fort; am Ende des Waldgebüschs an dessen Rand ansteigen, doch in den ersten Feldweg nach links und über den Höhenzug (ein Hof bleibt links) zur Kirche in *Weyer;* in Richtung der Friedhofsmauer über die Kreuzung hinweg in eine Feldstraße, doch in den nächsten Feldweg nach rechts und (Beton-Elektromast) hinab nach *Urfey.* (Wieder ½ Stunde)

Vor dem ersten Haus rechts, links versetzt über die Straße und auf Weg 8: Den Hangweg hoch; über dem *Veytal* dem Waldrand entlang; in einen Waldeinschnitt einbiegen.

Ab dort wieder auf dem *Römerkanal-Wanderweg:* Nach rechts und mit der *Hahnenberger Straße* zur *Römischen Brunnenstube* »*Klausbrunnen*« (Schlüssel im Haus oberhalb); die Talstraße aufwärts bis eingangs ihrer Linkskurve (unterhalb Kallmuth), dort scharf rechts den Waldweg ansteigen; am oberen Ende einer Waldfreifläche rechts haltend abwärts; nach Austritt aus dem Wald im Bogen hinter dem *Eulenberg* (Kreuz) vorbei und oberhalb *Vollem* entlang; von der Straßenabzweigung (Bänke) abwärts, aus der Kurve der aus dem Tal von Vollem heraufzie-

Römerkanal bei Eiserfey   (Foto: Hans Naumann)

henden Straße wieder links abbiegen und den Feldweg hinan, bis hinter Tafel 13 (Römerkanal-km 20,6).

Von dort geradeaus am Hang bleiben und wiederum auf Weg 7: Durch Gebüsch zum Waldende; vom Beginn einer Feldstraße (Blick auf Lorbach und Bergheim) sofort rechts bergab zur Straße (Veytal – Bergheim); oberhalb des Bildstocks von 1757 mit der Anliegerstraße nach *Vussem,* »Harterweg«.

An der Kapelle über die B 477, mit dem »Keilbergweg« bis über den *Veybach.* Oberhalb des Gehöftes nach links ansteigen, unbemerkt über die *Trasse der Römischen Wasserleitung* hinweg. Vom Friedhof auf dem Hinweg zurück zum Parkplatz.

62 Mechernich: Hochwildpark Rheinland bei Kommern – Katzvey – Satzvey – Mechernicher Wald – Burgfey

Verkehrsmöglichkeiten Buslinien (RVK) von den Bahnhöfen Mechernich, Kall und Euskirchen sowie von Hellenthal und Zülpich; Haltestelle am Parkplatz.

Parkmöglichkeiten Am Hochwildpark, beschildert.

Wegmarkierungen Vor allem Wege 2 und »schwarzer Winkel«.

Tourenlänge 9 Kilometer. Abkürzung 5 Kilometer.

Wanderzeit 2 Stunden. Abkürzung 1¼ Stunden.

Höhenunterschiede Etwa 220 Meter. Keine steilen Wege.

Wanderkarte 1:25000 Mechernich – Kommern (Nr. 5a).

Abkürzung Vom Parkplatz auf Weg A 2: Die Straße abwärts in den alten Ortsteil Katzvey; bereits hinter Haus Nr. 9 links abbiegen, über Veybach und L 61 zum Wanderparkplatz Katzensteine; oberhalb nach rechts, den nächsten Hohlweg hoch zu einem Wegetreff. Dort nach rechts in den Hauptwanderweg »schwarzer Winkel« und wie beschrieben über Burgfey zurück.

Anmerkung Einkehrmöglichkeit – auch für große Gruppen – in der Gaststätte am Hochwildpark.

Naturpark-Information Hochwildpark Rheinland, 3 Wanderparks mit Freigang zwischen den Wildtieren; Streichelgehege, Abenteuerspielplatz und Gaststätte. Ein Besuch wird sehr empfohlen.

Wissenswertes Die Bezeichnung »Katz ...« hier für Katzvey, bedeutet soviel wie »kleine Burg« (12.–18. Jh.). Die Wanderung im Mechernicher Wald verläuft im Gebiet der einstigen römischen Wasserleitung Nettersheim – Köln und trifft bei Burgfey eine tausendjährige Eiche. Burgfey war ein Rittersitz, der be-

reits im 12. Jahrhundert als Besitz der Grafen von Mander-
scheid-Blankenheim genannt wird.

Tourenbeschreibung   Vom Parkplatz an der Straße folgen wir
Weg 2: Die Straße abwärts und nach links, am Ortsschild *Katzvey* vorbei in die Straße »Am Wald«; im Ort »An den Teichen«
rechts, »Im Driesch« links, »Am Flüßchen« abwärts; den unter-
sten Häusern entlang, jedoch an der Linkskurve dieses Weges
nach rechts auf den Waldpfad im *Veytal;* zur Bahnbrücke (über
den Veybach) kurz absteigen und neben den Bach; in *Satzvey*
durch die Straße »Am Wasserfall« bis Haus Nr. 1. (½ Stunde)

Hinter diesem Haus die Treppen hinunter und vor dem Veybach nach rechts nunmehr dem Zeichen »schwarzer Winkel« folgen: Nacheinander über den Veybach, die Bahn und die Landstraße; im Wald neben dem *Siefenbach* ansteigen; ziemlich
oben, an einer Wegekreuzung nach rechts abbiegen, geradeaus

durch den *Mechernicher Wald,* später eine Strecke weit zugleich als *Römerkanal-Wanderweg* gekennzeichnet; vor Schloß Burgfey mit der Landstraße nochmals über den Veybach, rechts abbiegen und in *Burgfey* bergan; oberhalb der Gebäude, vor der *tausendjährigen Eiche,* wieder rechts abbiegen und noch um den Weiher. (Ab Satzvey 1 Stunde)

Am Teichende nach rechts und im Wald ansteigen. Vom Tennisplatz bis vor die Siedlung Kommern-Süd. Nach rechts und auf dem Randstreifen der Kreisstraße rechts abwärts, zurück zum Parkplatz.

63 Bad Münstereifel: Nöthener Tannen – Heidentempel bei Pesch – Eschweiler Tal und Kalkkuppen

Parkmöglichkeiten Wanderparkplatz Nöthener Tannen, neben der höchsten Stelle der Nöthener Straße (nach Nettersheim oder Mechernich). Die Wanderung kann auch am Parkplatz Hornbachtal (unterhalb Nettersheim – Pesch) angetreten werden.

Wegmarkierungen Schwarzer Winkel (Hauptwanderweg 11) bis nahe Pesch. Im übrigen siehe Tourenbeschreibung.

Tourenlänge 14 Kilometer.

Wanderzeit 3½ Stunden.

Höhenunterschiede Etwa 420 Meter. Keine steilen Wege.

Wanderkarte 1:25000 Bad Münstereifel (Nr. 7) oder Nettersheim – Kall (Nr. 5).

Anmerkung Rucksackwanderung. – Zur Zeit der Orchideenblüte (ab Mai) bieten sich seltene Fotomotive.

Naturpark-Information Eine Wanderung im Osten des Naturparks. – Die von den heimischen Orchideen für ihre Fortpflanzung benötigten Bodenpilze gedeihen auf den Kalkmagertriften des Wandergebietes besonders gut. Da sie durch die heute übliche Düngung zerstört würden, ist ihre Unterschutzstellung unerläßlich. So hat sich ein großer Artenreichtum an Orchideen in den Naturschutzgebieten erhalten. Geologisch gesehen stammen die Kalkkuppen aus dem Devon, vor allem aus der Zeit des subtropischen Flachmeeres (vor 380–320 Millionen Jahren), aus dem bei Iversheim sogar ein Korallenriff verblieben ist.

Wissenswertes Die Geschichte des »Heidentempels« auf Addig ist angetafelt. – Der Jakob-Kneip-Berg erinnert an den gleichnamigen Hunsrückdichter (1881–1948), der 1941 von Köln nach Pesch zog.

Tourenbeschreibung Ab dem Parkplatz folgen wir dem
»schwarzen Winkel« (zunächst am Waldrand abwärts) und später auch den Schildern bis zum *»Heidentempel«, dem römischen
Matronentempelbezirk* auf dem *Addig.* (Etwa 1 Stunde)

Hinter der Schutzhütte mit dem »schwarzen Winkel« weiter,
abwärts zum Parkplatz am *Wespelbach.* Von dort auf Weg A 1
talabwärts. Am Parkplatz Hornbachtal (an der *Hofsiedlung
Fahl*) über die Landstraße und den Feldweg (1) ansteigen, der
später auf den *Jakob-Kneip-Berg* hochschwenkt. Dort nach
rechts, bald über eines der *Naturschutzgebiete Kalkkuppen* und
– mit grandiosem Blick über nahezu die ganze Wanderstrecke –

abwärts. Diese Feldstraße mündet am Ende in die Straße Gilsdorf – Harzheim, mit der wir noch durch die mit Richtungspfeilen versehene Rechtskurve wandern. Unmittelbar hinter dieser
Kurve biegen wir jedoch links ab und ziehen den Feldweg zwischen Wiesenzäunen hinab zum letzten Haus von *Gilsdorf.*
(Wieder ¾ Stunde)

Scharf links abbiegen; bald über eine Brücke, am unteren
Rand des *Naturschutzgebietes* am *Halsberg* vorbei und aufsteigend zum Autobahnzubringer, der überschritten wird. Der Feldweg (mit direktem Blick auf das Radioteleskop auf dem Stok-
kert) endet vor einem Talgrund; wir gehen nach rechts und bald
zurückschwenkend bis nahe der Landstraße. Hier nach links,
oberhalb der *Nöthener Mühle* vorbei mit der Stromleitung in das
Eschweilerbachtal und im Talgrund bleiben bis zum Beginn des
Naturschutzgebietes Eschweiler Tal.

Von dieser Stelle geht es über die Brücke, nach rechts erst am
Rand des *Naturschutzgebietes,* dann am Waldrand des *Hirnberg*
und *Hähnchen* hinauf bis zu den Häusern am »Hirnbergweg«.
Vor diesen entlang und die Landstraße aufwärts zum Parkplatz.

64 Zwischen Stadtkyll und Kronenburg

Verkehrsmöglichkeiten   Busse von den Bahnhöfen Jünkerath
und Kall, ferner von Kronenburg und Prüm.
Parkmöglichkeiten   Die Wanderung wird beschrieben ab Stadt-
kyll, Kyllplatz; sie kann auch in Kronenburg angetreten werden.
Wegmarkierungen   Überwiegend »K« (Kyllweg).
Tourenlänge   15 Kilometer. Abkürzungen beachten!
Wanderzeit   3 bis 4 Stunden.
Höhenunterschiede   Etwa 450 Meter. Leichte Wanderung.
Wanderkarte   1:25000 Oberes Kylltal (Nr. 15), notfalls auch
Hellenthal (Nr. 14).
Abkürzungen   1. Von Stadtkyll kommend in Kronenburg di-
rekt auf den Staudamm und zum Ferienpark (13 km). – 2. In
Kronenburg starten und von Hammerhütte wieder zurück, also
nicht bis Stadtkyll wandern (11 km).
Naturpark-Information   Informationsstelle Naturpark Nord-
eifel, zugleich Sitz des Vereins Erholungsgebiet Oberes Kylltal,
Kyllparkpavillon, Kyllplatz 1, D-54589 Stadtkyll. Sammlung von
Tieren, Fossilien und Holzarten; naturgeschichtliche Begleittex-
te; Information über Kylltalwege; Wanderkarte.

Einkehrmöglichkeiten in Kronenburg und Stadtkyll.

Wissenswertes Eine Wanderung durch das Zentrum des Erholungsgebietes Oberes Kylltal. – *Kronenburg,* über 700 Jahre altes, malerisches Bergnest, bereits 1350 Stadtrechte, heute Gemeinde Dahlem. Burgruine, Burgbering, Künstlerdorf. Kronenburgerhütte im Kylltal, einst Eisenhütte (Takenplatten). Kronenburger See (1,9 Millionen m^3), Stauung der Kyll und der Taubkyll. – *Stadtkyll,* Luftkurort im Übergang von Vulkaneifel und Schnee-Eifel; Feriendörfer, Waldjugendlager und Freizeitanlagen, subtropisches Badeparadies »Vulkamar« im Kyllpark. Zum Schutz seiner Straßen war Stadtkyll schon um das Jahr 1000 n. Chr. mit einer Mauer befestigt, die 14 Verteidigungstürme aufwies. Die Burg, wohl von Blankenheim gegründet und 1345 dem blinden König Johann von Böhmen als Graf von Luxemburg zu Lehen gegeben, brannte 1632 ab. – Näheres siehe Schriftenreihe »Die schöne Eifel«, Hefte Kronenburg und Erholungsgebiet Oberes Kylltal (hrsg. vom Eifelverein).

Tourenbeschreibung Vom *Kyllparkpavillon* gehen wir im *Kyllpark* bis vor die Kyllbrücke und folgen dem *Kyllweg* »K«: Auf dem Damm dem Fluß entgegen; an der Straßenbrücke über die B 421, noch etwas dem Kyllufer entlang, mit einem Nebenbach aber links hoch zum *Haus Petra;* nach rechts und von der Straße hinter dem Parkplatz in den Forstweg abbiegen, dem unteren Waldrand entlang; bald unter der Bahn hindurch in die *Kyllauen* und auch unter der B 51 hindurch an dieser südlichen Flußseite

Kronenburger See, Wanderbrücke über die Vorsperre, mit Fischtreppe
(Foto: Hans Naumann)

weiter; an der Abzweigung hinter dem *Kerschenbach* (eisernes Geländer) aufwärts und neben dem Bahndamm nach *Kronenburgerhütte,* »Neuer Weg«; vor der Kyllbrücke links zum *Staudamm* hoch und dem *Kronenburger See* entlang; über die *Vorsperre* (mit Fischtreppe) auf die nördliche Seeseite und nach rechts auf dem Uferweg wieder zum Staudamm; die B 421 jetzt auf der Holzbrücke überqueren und zum Gasthaus am *Ferienpark* ansteigen. (1¾ Stunden)

Vom Gasthaus die Straße »Zum Kleebusch« abwärts in das *Tal des Klingenseifen;* dort die Straße talaufwärts, auch an der *Grillhütte* vorbei; oben rechts von »Hodebuschheck« zur »Gerlachstraße«, diese abwärts zur »Burgstraße« und rechts durch das Stadttor in den *mittelalterlichen Burgbering* von *Kronenburg.*

Vor dem *Mitteltor* geht es rechts zur *Burgruine* hinauf, links die »Wilhelm-Tell-Gasse« hinab. Unten die »Burgstraße« überqueren und Weg 10 nehmen: Als Feldweg sanft aufwärts; ab der Verteerung (rechts den Abstecher auf den *Gischkopf* – Sendemast, Rastplatz, herrliche Rundumsicht – nicht auslassen!) geradeaus über den höchsten Punkt; an der Straßenkurve von der Straße nach rechts abbiegen; nächster Weg links abwärts, jedoch unter der Überlandleitung rechts in den Grasweg und mit Landblick bergab zur B 421 (St. Vither Straße), die neben dem als Denkmal geschützten *Kalkofen* lediglich überquert wird.

Jenseits der Bundesstraße an dem Leitungsmast nach links (!) ins Kylltal zurück, wieder auf Weg »K«: Nicht über die Flußbrücke, vielmehr der Kyll jetzt an ihrer Nordseite entlang; ist die B 51 unterquert, geht es neben *Hammerhütte* über die Kyll und an deren Südseite auf dem Hinweg zum Haus Petra. Von dort die »Waldstraße« abwärts nach *Stadtkyll.*

65 Schneifelhöhe zwischen Schwarzer Mann und Mooshaus

Verkehrsmöglichkeiten Öffentliche Verkehrsverbindung nur nach Mooshaus, nämlich Buslinie Prüm – Bahnhof Jünkerath.
Parkmöglichkeiten Ski- und Wander-Großparkplatz Schwarzer Mann. – Wer in Mooshaus einkehrt, kann auch dort parken und starten. Öffentlicher Parkplatz unterhalb Mooshaus neben der B 265.
Wegmarkierungen Streckenweise und wechselnd; siehe Tourenbeschreibung.
Tourenlänge 15 Kilometer. »Abkürzungen« beachten!

Wanderzeit Etwa 4 Stunden.

Höhenunterschiede Etwa 450 Meter. Leichte Wanderung.

Wanderkarte 1:35000 Prümer Land (Nr. 17), auch 1:25000 Oberes Kylltal (Nr. 15).

Abkürzungen Von der in der Tourenbeschreibung genannten Stelle: 1. Geradeaus weiter bis vor Revier 224 (10 km, 2–2½ Stunden) oder 2. nach rechts ansteigen, über die Kreisstraße hinweg und beim Abstieg im Kammerwald in den ersten Forstfahrweg rechts (6 km; 1½ Stunden). Beide Abkürzungen sind in der Kartenskizze gestrichelt dargestellt.

Anmerkung Einsame Waldwanderung. Einkehrmöglichkeiten zur Halbzeit im Restaurant Mooshaus sowie im Blockhaus Zum Schwarzen Mann.

Wissenswertes Zum Schwarzen Mann siehe Tour 66. – Katharinenkreuz für Anna Katharina Kleinches aus Kobscheid (1843); Buntsandsteinkreuz mit Bildnis der heiligen Katharina von Alexandrien mit dem Symbol ihres Märtyrertodes, dem zerbrochenen Rad. – Mooshaus entstand an der Kohlstraße (Köhler-Straße) vom Islek (Gebiet Dasburg) nach Mechernich.

Tourenbeschreibung Am unteren Ende des Parkplatzes auf dem *Schwarzen Mann* starten wir von der *Königsbuche* auf dem *Schneewanderweg* in den Wald. In den ersten Querweg nach rechts und dem Symbol »Reh« folgen: Durch das Waldgebiet *Königsfenn;* nach 20 Minuten von einer Waldwegekreuzung (vor einem Wasserschutzgebiet) links abwärts ins *Mehlenfenn,* dort von der nächsten Wegekreuzung wieder nach rechts und bis zu einer Waldstraßenkreuzung. (Hier beginnen die Abkürzungen!)

Mit dem Zeichen »Reh« erneut links abwärts, von der tiefsten Stelle dieses Fahrweges jedoch kurvig wieder etwa 300 Meter sanft ansteigen zu einer verteerten Wegekreuzung hinter dem *Katharinenkreuz.* Hier biegt Weg »Reh« nach links ab, während wir geradeaus den Teerweg abwärts wandern, mit Freiblick auf Kobscheid ins *Taufenbachtal* (Schutzhütte).

Dort nach rechts, folgen wir nun dem *Grenzwanderweg* »G«: Das Tal aufwärts, kurz noch auf geteerter Strecke, vor der nächsten Bachbrücke jedoch links; oben auf der querenden Feldstraße nach links, nach 120 Metern wieder rechts und die Flur hinauf zum Waldrand; diesem links entlang und nach *Mooshaus,* jenseits der B 265. (1¾ bis 2 Stunden)

Der Rückweg beginnt auf dem Hinweg: Gegenüber Mooshaus in die Straße Richtung Roth, aber am Waldrand nach links; am Ende dieser Richtung mit Rechtsknick zum Rand des *Naturschutzgebietes Rohrvenn* und geradeaus in einen Weg, der erst am unteren Rand des Venn entlang führt, dann durch Wiesen und Waldstreifen verläuft (markiert mit einem orangefarbenen Punkt). An einer Fahrwegeverzweigung nach links bergauf; nächster Querweg (Reviere 290, 288) wieder links, folgende Abzweigung (Reviere 290, 223) rechts hoch und gerade durchgehen zur Schneifelhöhenstraße (K 108). Diese lediglich überschreiten und abwärts, jedoch in den nächsten Querweg nach rechts wechseln. Am Ende dieser Richtung in den Querweg links, abwärts und mit Rechtskurve durch das *Gebiet Steinrausch* mit *Quellgängen des Mehlenbaches,* später oberhalb der Kläranlage einer Militärstation vorbei.

Die folgende Querstraße im *Kammerwald* nur überqueren und auf Rundweg 4 weiter: Stetig geradeaus (!) halten; erst wo dieser Fahrweg sich gabelt, in den linken Weg; schon bald aus einer Rechtskurve wieder ansteigen, aber nur einige Schritte, um (beschildert) links abzubiegen, zurück zum Blockhaus und Parkplatz.

66 Bleialf – Alfbach – Schneifelhöhe Schwarzer Mann

Verkehrsmöglichkeiten Busverbindung von Prüm.
Parkmöglichkeiten An der Kirche.
Wegmarkierungen Wechselnd; siehe Tourenbeschreibung.
Tourenlänge 14 Kilometer, mit Verlängerung 19 Kilometer.
Wanderzeit 3½ Stunden, mit Verlängerung 5 Stunden.
Höhenunterschiede Insgesamt 650 Meter, mit Verlängerung etwa 750 Meter. Gedehnte Anstiege zur Schneifelhöhe.
Wanderkarte 1:35000 Prümer Land (Nr. 17).
Verlängerung Beim Auftreffen auf den Hauptwanderweg 6 (siehe Tourenbeschreibung) die Waldstraße nach links nehmen (Punktlinie), an etlichen gesprengten *Westwallbunkern* vorbei. Nach 2,3 Kilometern mit der Waldstraße rechts zum *Parkplatz Schwarzer Mann*. Die Straße an der *Königsbuche* (Blutbuche) schräg rechts überqueren und nun dem Hauptwanderweg 6 (»schwarzer Keil«) folgen, der als *Schneifelhöhenweg* neben der Landstraße verläuft, auch an der *Funkantenne* vorbei, und der an einer Schutzhütte über die Landstraße zur Hinwegabzweigung hinabführt.
Anmerkung Einkehrmöglichkeiten am Wanderweg nur in Weidinger und Bleialf, in der Verlängerung auch im Blockhaus Schwarzer Mann (Abstecher über den Parkplatz).
Naturpark-Information Bleierzbergwerk »Neue Hoffnung« mit Besucherstollen. Führung durch diesen »Mühlenberger Stollen« Mai bis Oktober 14.00–16.00 Uhr, sonst nach Anmeldung. – Führung durch die hochinteressante, an Kunstdenkmälern reiche Pfarrkirche St. Marien ebenfalls nach Anmeldung. – Ortsgemeinde oder Bergmannsverein St. Barbara oder Fremdenverkehrsverein Bleialf-Schneifel e. V., D-54608 Bleialf.
Wissenswertes *Bleialf,* 893 als »Alve« zuerst erwähnt, zumindest seit dem 11. Jahrhundert ein Bergwerksort, Betrieb erst 1954 endgültig eingestellt. Früherer Ortsname »Alf« (von keltisch »albis« = Fluß) wie der Bach im Tal; erst 1584 wird erstmals Blei-Alf genannt: Der Landesherr, der Trierer Kurfürst,

wollte Alf an der Mosel von diesem Bergwerksort unterscheiden. Betonung des Ortsnames auf der Silbe »alf«! Von St. Vith über Bleialf nach Prüm verlief die »Bleistraße«; die das Erz transportierenden Fuhrwerke brachten auf dem Rückweg Kohle und Ersatzteile mit. – Erste Kirche 1187; Bistum Lüttich; im 15. Jahrhundert dreischiffige, spätgotische Hallenkirche, in der ein in Europa einmaliger Gemäldezyklus – die zehn Gebote Gottes, denen die zehn Plagen unter Pharao gegenüberstehen – freigelegt wurde; vor etwa 70 Jahren großer Hallen-Anbau nach Süden, darin eingeordnet die alten Schnitzaltäre und die Kanzel; das Ensemble verdient die Bezeichnung »Mariendom der Eifel«.
– *»Schwazer Mann«,* Bezeichnung von Harzer Bergleuten für die höchste Erhebung und den langgestreckten Höhenzug der Schnee-Eifel (Schneifel); hergebrachter Name »Kerschtgeroth«.
– Die in der Verlängerung angetroffene Blutbuche heißt richtig »Königsbuche«, ebenso wie das Königsfenn benannt nach dem fränkischen Königshof Manderfeld (heute Belgien). Der Stein unter der Buche, über viele Jahrhunderte eine der wichtigsten Grenzmarkierungen der Westeifel, schied die Höfe Auw, Alf (Bleialf), Sellerich und Gondenbrett sowie die Bistümer Trier, Köln und Lüttich.

Tourenbeschreibung   Unterhalb der Kirche starten wir Richtung Prüm und biegen am Hotel Waldblick in die »Oberbergstraße« ab, die wir als Wanderweg 6 bis ins *Alfbachtal* (Sportplatz) hinuntergehen. Jenseits der »Bergwerkstraße« nicht die steile Gerade aufsteigen, vielmehr neben dem Hauszaun den Wanderpfad *Bähnchen,* den wir – wie einst die Bergleute – benutzen; später auch an den Geröllhalden der ehemaligen *Grube Berthaschacht* vorbei, gelangen wir nach *Niederlascheid.*

Im Ort abwärts, nach Buchet abbiegend über die *Alf,* sogleich wieder »Auf dem Steinbach« umschwenken und neben der *Alf* nach *Halenfeld* durchgehen. Die Straße hinauf, 280 Meter oberhalb der Ortslage wieder links abbiegen und bis kurz vor den *Halenfelder Wald.* Rechts den Feldweg im *Gebiet Esch* hinan, auf dem nächsten Querweg ein paar Schritte auf den Wald zu, an der Gabelung den rechten Weg nehmen, der neben einem der *Quellgänge der Alf* ansteigt. Ganz oben dem Waldrand folgen, dann den Fahrweg im Wald zur *Schneifelhöhe (Schwarzer Mann)* hoch, aber nur bis zur nächsten, querverlaufenden befestigten Forststraße. (2 Stunden)

(Hier beginnt nach links und endet auch die Verlängerung!) Nach rechts nunmehr dem Hauptwanderweg 6 (Markierung »schwarzer Keil«) folgen: Gut 1 Kilometer Waldstraße, dann rechts ausbiegen, dem Waldrand folgen und – mit märchenhaf-

tem Blick über Bleialf – die Fluren hinab, bald auf einem Sträßchen durch *Weidinger;* jenseits der Prümer Straße geradeaus (!)
halten, bis an den äußersten Winkel des Waldes. Dort verlassen
wir den Hauptwanderweg und ziehen am Waldrand hinab nach
Alferberg.

Zwischen den Häusern in den »Mühlgraben«, der später den
Alfbach überbrückt. Nur wenig in die Wiesen, steigen wir neben
Schule und Schwimmbad hoch nach Bleialf.

 ### Zwischen Bleialf und Schönberg

Verkehrsmöglichkeiten   Keine öffentliche Verkehrsverbindung
zwischen Bleialf und Schönberg.
Parkmöglichkeiten   In beiden Orten nahe der Kirche.
Wegmarkierungen   Wechselnd; siehe Tourenbeschreibung.
Tourenlänge   17 Kilometer.   **Wanderzeit**   4 Stunden.
Höhenunterschiede   Insgesamt etwa 700 Meter. Typische Mit-
telgebirgswanderung mit Auf und Ab.
Wanderkarte   1:50000 Deutsch-Belgischer Naturpark, Südteil.
Anmerkung   Deutsch-belgische Rucksackwanderung, die in
beiden Orten angetreten werden kann. In Schönberg und Bleialf
jeweils mehrere Einkehrmöglichkeiten.
Wissenswertes   Die Herrschaft Schönberg mit Land zwischen
Amelscheid und Losheimergraben und den Burgen hoch über
der Our wurde von der Abtei Prüm begründet, um dem kurtrie-
rischen Machtstreben nach Norden entgegenzuwirken. Indes fiel
der Besitz im 15. Jahrhundert doch an den Kurfürsten zu Trier.
Die letzte Burg wurde angeblich 1689 von den Franzosen zerstört. Der aufstrebende Fremdenverkehrsort in landschaftlich
besonders reizvollem Umland gehört heute zur Gemeinde Sankt
Vith. – Der Wald Lindscheid an der Südostseite des Ourtales
wurde zeitgeschichtlich bekannt durch die Ardennenoffensive
deutscher Truppen; dort kapitulierten am 19. 12. 1944 9000 amerikanische Soldaten unter Major Bill Cody, Enkel des Wildwest-
»Helden« Buffalo Bill (richtig: William Cody), der damit vor
der eingeschossenen deutschen Artillerie viele Menschenleben
rettete. Die amerikanische Armee dankte ihm diese menschliche
Tat aber nicht. Doch überlebte Bill Cody seine schicksalhafte
Zeit noch lange; er verstarb 79jährig im September 1992.
Tourenbeschreibung   Neben der Kirche *Bleialf* die »Auwer
Straße« hinauf. »Am Brauhäuschen« abbiegen und auf dieser

Belgien

Laudesfeld

Deutschland

Waldecho

Schönberg

Kirche

N 626

Burg-
bereich

Our

Auf der
Bürgerschaft

L i n d -

Kreuz
von 1773

Ihrenbach

s c h e i d

Amelscheid

N 695

Mosenvenn

Grenzstein
241

Kemm

Grenzstein
216

Grenzwanderweg

Ober-
lascheid

Krapu

Auf Eisenfenn

Hütte

Radscheid

Ihrenbach

Dürenbach

Ihrenbrück

B o l z e n -
p e s c h

Mützenich

Richelberg

Schweiler

Jüstenschlag

Pannenbrett

Bleialf

Kirche

O   1 km

Winterscheid

Alfbach

Feldstraße bis hinter eine Senke. An einem eisernen Stromverteilermast auf Weg 6: Links vor der Heckenreihe bergauf; oben die Landstraße nach rechts überqueren und in einen Feldfahrweg mit befestigter Fahrspur, der auf der Höhe vor einem Wasserbehälter nach rechts knickt und sich senkt. Am Waldrand biegt Weg 6 links herum ab, während wir auf dem Feldweg mit Fahrspur bleiben, also rechts – geradeaus. Wo diese befestigte Fahrspur endet, auf einem breiten Feldweg weiterhin geradeaus, dann Hecken entlang bis zum Ende dieser Richtung. Von zwei nach links abzweigenden Feldwegen nehmen wir den zweiten, der sich zum östlichen Waldrand und dann im Wald senkt.

Weiter unten stößt von links der *Grenzwanderweg* hinzu, dessen Zeichen »G« wir nun folgen: Rechts ins Tal; links schwenkend vor einer Schutzhütte vorbei und auf dem unteren Weg weiter; hinter einer sanften Steigung durch das *Ihrenbachtal,* jedoch nur, bis – nach etwa 8 Minuten – dieser gerade Weg in einer Rechtskurve erneut ansteigen will. (Bis hier 1 Stunde)

Nach links überbrücken wir den Ihrenbach am *Grenzstein 241,* steigen ein paar Schritte zu einer Waldstraße auf und nehmen diese nach rechts (rote Markierung), bald mit Linkskurve bergauf bis zu einem Holzlagerplatz auf der Höhe des Waldgebiets *Lindscheid,* am *Kreuz von 1773* (für »Simon Krens von Ellscheit«) mit Rastbank.

Links in die breite Schneise einbiegen und in deren Verlängerung weiter auf dem Schönberger Wanderweg 1 (rot markiert): Bergab, weiter unten den Quellgang des *Linnebachs* zur Linken; erst mit dem nächsten Querweg auf die andere Seite des Linnebachs; am nächsten Übergang nach links vom Bach abschwenken und abwärts zuletzt eine Straße hinab, bis am Ortsrand von *Schönberg* die Nationalstraße erreicht ist, mit der es links ins Ortsinnere geht. (Ab Ihrenbach wieder ¾ Stunde)

Der Rückweg beginnt auf dem weiß-rot markierten Hauptwanderweg (GR E): Die Straße Richtung Bleialf etwas ansteigen, rechts steil hoch Richtung Burgbereich; oberhalb des Friedhofs links abbiegen, aber gegenüber Haus Nr. 55 rechts in den Feldweg; im Tal über oder durch den *Langenbach* und hinauf nach *Amelscheid;* vom Haus Nr. 14 nach links und im Ort aufwärts. Unterhalb Haus Nr. 25 biegen die Wanderwege nach rechts ab, während wir geradeaus die Ortsstraße weiter ansteigen, bis vor ihre Linkskurve auf der Höhe. Hier biegen wir rechts vor Haus Nr. 31 ab, sofort hinter den Gebäuden aber wieder links in eine Feldstraße; deren Richtung behalten wir auch ab dem *Grenzstein 216* bei, auf deutscher Seite mit der Heckenreihe ansteigend bis zum Querweg an der *Höhe Krapu.*

Geradeaus, gehen wir nun diese Feldstraße abwärts. Der nächste von links hinzustoßende Weg ist mit einer »5« markiert, und wir folgen nun diesem Wanderweg 5 bis Bleialf: Weiter bergab, von der links einmündenden Straße »Auf Eisenfenn« noch etwa 150 Meter, dann links in den Feldfahrweg mit befestigten Fahrspuren; dieser Feldweg führt abseits des Ortes *Mützenich* hinab ins Ihrenbachtal; die Kreisstraße nach rechts nur überqueren und am Waldrand das Ihrental abwärts; vor dem nächsten Bachübergang nach links über die Anhöhe in ein anderes Tal und rechts der Schutzhütte kräftig ansteigen; die erreichte Feldstraße geradeaus bis nach Bleialf durchgehen.

68 Prüm – Wacholderschutzgebiet Mehlen – Gondenbrett

Verkehrsmöglichkeiten   Busverkehr von allen Richtungen, vor allem auch von Gerolstein, Trier und Koblenz.
Parkmöglichkeiten   Teichplatz, am Kurpark.
Wegmarkierungen   Wechselnd; siehe Tourenbeschreibung.
Tourenlänge   15 Kilometer.   **Wanderzeit**   3½ bis 4 Stunden.
Höhenunterschiede   Insgesamt etwa 850 Meter. Mehrfach, zumeist kräftig auf und ab.
Wanderkarte   1:35000 Prümer Land (Nr. 17).
Anmerkung   Rucksackwanderung; Bergschuhe anziehen.
Naturpark-Information   Naturkundliche Lehrhütte oberhalb der Kuranlagen. Schulungs- und Informationsstätte »Mensch und Natur« vor dem Rathaus. Heimatmuseum im Rathaus. – Auskünfte, Begleittexte, Karten und Hinweise auf weitere Wandermöglichkeiten über das Verkehrsamt Prümer Land, Haus des Gastes, Hahnplatz 1, D-54595 Prüm.
Wissenswertes   Prüm, Wirtschafts- und Kulturzentrum im Gebiet der Schnee-Eifel (Schneifel), wurde am 15. 7. 1949 durch die Explosion von 531 Tonnen auf dem Kalvarienberg eingelagerter Kriegsmunition schwer zerstört; geblieben ist der Explosionskrater. Kloster ab 721 n. Chr., begütert bis zum Rhein und zur Mosel; Reichsabtei; Fürstentum bis 1576, Salvator-Basilika; Museum; alljährlich im August Ausstellung bildender Künstler aus Eifel und Ardennen. – *Wacholderschutzgebiet Mehlen*, malerischer Wildwuchs mit hohen Wacholdersäulen; Naturschutzgebiet (2,04 ha).
Tourenbeschreibung   Oberhalb des Parkplatzes wandern wir zum »Hahnplatz« mit Salvatorbasilika, und ab der höchsten

Stelle des »Hahnplatzes« folgen wir der Markierung »schwarzer Keil« in Richtung der *stumpfen* Keilseite: Den »Fuhrweg« hinauf, vom *Ehrenmal* die »Kalvarienbergstraße«; in den »Fußweg zum Krankenhaus« und begleitet von *Kreuzwegstationen* bergauf, auch an der *Kapelle »Unserer lieben Frau«* vorbei, direkt hoch auf den *Kalvarienberg,* wo der *Explosionskrater* nach rechts umgangen wird.

Hinter dem 7 Meter hohen *Basaltkreuz* über den Parkplatz und neben einer kleinen Schutzhütte auf Weg 8: Den Waldpfad hinab, dann den Feldweg nach links und bis ins *Mehlental;* links talabwärts, bald in den Wald am *Ameisenberg.* An einem Treff mehrerer Wege auf Weg 10 wechseln: Scharf rechts abwärts, den *Mehlenbach* überbrücken und dahinter nach rechts; ein Seitental hinauf, auf halber Höhe den Quellgang überqueren und links einen Waldpfad ansteigen; am oberen Waldrand in den Fahrweg nach links, am Ende der Linkskurve jedoch rechts bergauf, auch noch am Feldrand; an der nächsten Hochwaldecke rechts abbiegen, dem Waldrand über dem *Wacholderschutzgebiet Mehlen* entlang zur Schutzhütte. (1¼ Stunde)

Weiter am Waldrand zu einer Feldstraße. Diese abwärts bis etwa 150 Meter unterhalb des Waldendes, dann links um den Hang wandern, am Ende die Kapellenstraße hinab nach *Niedermehlen.*

Unterhalb der *Kapelle der 14 Nothelfer von 1877* nach links, aus der Straßenkurve aber rechts auf Weg 2: Erst Feldstraße, ab

Prüm, St.-Salvator-Basilika   (Foto: Michael Klees)

195

deren Ende Kreisstraße nach *Obermehlen*, aber bereits am Ortsschild rechts abbiegen; hinter dem *Litzenmehlenbach* sogleich
links talaufwärts; mit der nächsten Waldstraße über den *Tho-
masberg* und nach *Gondenbrett*, wo gerade abwärts in den Ort
gegangen wird. (Wieder 1 Stunde)

Vom »Schneifelweg« über die »Dorfstraße« hinweg in den
»Mühlenweg«, hinter dem Mehlenbach nach links; oberhalb des
letzten Hauses nicht links abbiegen, vielmehr ein Quelltal hinan.
Schon nach 80 Metern zieht der Teerweg rechts hoch, während
wir weiter im Tal ansteigen. Vor der sogleich erreichten Scheune
links abbiegen, über den Quellgraben und am Waldrand bergauf: Hinter einer Rechtskurve etwaige Viehzäune öffnen und
sorgsam wieder schließen, jedenfalls am Waldrand bleiben bis
zum oberen, zweiten Schuppen. Neben diesem im Wald weiter
bergauf, nach ein paar Schritten links herum, vor Fichten wieder
rechts; von hier aus nahezu eben über den Waldsattel geradeaus

196

weitergehen (auch wenn der Pfad durch Laub oder Gras verdeckt ist) bis zu einem Waldfahrweg. Auf diesem rechts zur B 265.

Die Bundesstraße überschreiten und nach rechts gegen den Verkehr wandern, aber in den nächsten Waldweg einbiegen. Unten (Langlaufloipe) nach rechts und bald an den Parkplätzen der *Wintersportanlage Wolfsschlucht* vorbei. Stets am Waldrand neben den Wiesen bleiben, ab dem Wiesenende (in Höhe des Bungartsweiher) vor der Schutzhütte vorbei geradeaus über den *Tettenbusch*. An der nächsten Schutzhütte links (!) vorbei, den *Triftweg* hinab in die Stadt: »Pferdemarkt« abwärts, unten links »Reginostraße«, rechts und von der »Oberbergstraße« in die »Gartenstraße«, dann Trittstufen hinab zum Parkplatz.

69 Prümer Land: Rundgang durch die Schönecker Schweiz – Rückweg Schönecken – Prüm

Verkehrsmöglichkeiten   Buslinie Prüm – Trier bis Schönecken, Haltestelle Lindenstraße.

Parkmöglichkeiten   In Prüm am Bahnhof oder Teichplatz. – In Schönecken oberhalb der Bushaltestelle im Nimstal.

Wegmarkierungen   Für den Rundgang wechselnd. Der Rückweg nach Prüm ist mit einem »schwarzen Winkel« markiert.

Tourenlänge   Rundgang Schönecker Schweiz 9 Kilometer. Rückweg nach Prüm weitere 12 Kilometer.

Wanderzeit   Rundgang 2½ Stunden; Rückweg nach Prüm 3 Stunden.

Höhenunterschiede   Rundgang insgesamt etwa 300 Meter, mit kurzem Steilabstieg am Keltenring. Rückweg ebenfalls etwa 300 Meter; gedehnt bergauf, steil bergab in der Prümer Held.

Wanderkarte   1:35000 Prümer Land (Nr. 17).

Anmerkung   Beschrieben werden nacheinander der Rundgang und der Rückweg, so daß jede dieser Touren auch einzeln gewählt werden kann. Aus Gründen der Übersichtlichkeit werden zudem für Rundgang und Rückweg je getrennte Kartenskizzen abgedruckt. – Einkehr in Schönecken und Rommersheim.

Naturpark-Information   Wanderung durch das Zentrum der größten Eifeler Kalkmulde, nämlich der durch ihren Fossilreichtum bekannten Prümer Mulde (240 km^2). Die Kalke lagerten sich im subtropischen Eifelmeer des Devon (vor 380 bis 320 Mio. Jahren) ab.

Wissenswertes Schönecken wird 993 erstmals erwähnt. Schloß Bellecoste (clara costa), 13. Jahrhundert, ab 1370 luxemburgisch, dann trierisch, Wohnsitz des Kurfürsten; 1802 verbrannt; romantische Ruine über der Nims. Keltische Fliehburg, etwa 55 v. Chr.

Tourenbeschreibung – Rundgang In *Schönecken* oberhalb der Bushaltestelle Lindenstraße vor der *Nimsbrücke* einbiegen, auf dem Fahrweg (Weg 2) talaufwärts in das Gebiet der *Schönecker Schweiz*, durch das *Schalkenbachtal,* an der Schutzhütte Jungfraulei vorbei und bis zur Abzweigung hinter einer Brücke im Gebiet *Meyersruh.* Nach rechts weist uns der »schwarze Winkel« ein Nebental hoch, später rechts ausbiegend durch das Bachbett und bergauf bis zu einer Straße oben am *Ichter Berg.* (1½ Std.)

Die Straße nach rechts benutzen, über die nahe Kreuzung hinweg auf Weg 3: Etwa an der höchsten Stelle, unter hohen Buchen, links ab und am *Keltenring* links oder rechts (steil) vorbei hinab zum *Altburger Bach,* dessen Lauf uns zurückbegleitet.

Tourenbeschreibung – Rückweg Schönecken – Prüm Wieder biegen wir vor der Nimsbrücke – wie beim Rundgang – in das genannte *Schalkenbachtal* ein, wechseln aber alsbald auf Weg 12: Nach links den *Schalkenbach* überbrücken, an einem Pumphaus vorbei. Am anderen Hang mit Weg 1 links herum wieder ins *Nimstal*. Kurz bevor dieser Weg auf einen Wiesentalfahrweg stößt, scharf rechts den Wanderpfad hinauf, der in der romantischen *Schönecker Schweiz* im Steilhang unterhalb der Felsentürme der *Schusterlei* verläuft.

Nach kurzem Abstieg auf dem Querweg (12) abwärts. Im *Schalkenbachtal* links und wieder talaufwärts (1), dann über die *Kupferbachbrücke* zum Treff der Hauptwanderwege im *Gebiet Meyersruh*. (¾ Std.)

Ab hier folgen wir nur noch der Markierung »schwarzer Winkel« des Hauptwanderweges 15: Nach links auf dem *Botanischen*

Lehrpfad talaufwärts, bald über den *Kupferbach* und nach *Rommersheim;* am Bildstock »Maria breit' den Mantel aus« nach rechts aus dem Ort, vor dem nächsten Buntsandsteinbildstock aus der Senke links die *Rommersheimerheld* hinauf; oben die Heckenstraße nach rechts, am nächsten Abzweig links bergauf; hinter dem B 410-Viadukt nach rechts, am Wald der *Prümer Held* (Achtung!) einen leicht übersehbaren Wanderpfad hinab, aber nach links unter dem Waldrand bleiben; am Park- und Rastplatz von der Bundesstraße wieder abkurven und hinab in die Stadt *Prüm* (Jugendherberge hoch über dem Stadtzentrum; siehe Anschriftenverzeichnis).

70 Winterspelt – Heckhalenfeld – Dackscheidberg – Grenzwanderweg

Verkehrsmöglichkeiten   Buslinie Prüm – Winterspelt.
Parkmöglichkeiten   Bushaltestelle, an der Abzweigung nach Heckhalenfeld.
Wegmarkierungen   Wechselnd; siehe Tourenbeschreibung.
Tourenlänge   12 Kilometer.   **Wanderzeit**   3 Stunden.
Höhenunterschiede   Etwa 450 Meter. Keine steilen Wege.
Wanderkarte   1:35000 Prümer Land (Nr. 17).
Abkürzungen   (In der Kartenskizze gestrichelt angedeutet.)
Anmerkung   Einsame Rucksackwanderung. Einkehr ist nur im Gasthaus Waldtalsmühle möglich. – Weitere Wanderungen im Gemeindegebiet Winterspelt: Touren 72 und 73.
Wissenswertes   Winterspelt wird urkundlich erstmals 1215 als zum fränkischen Ardennengau (pagus arduenna) und zum Bannforst der Abtei Prüm gehörig erwähnt. Grenze des Bannforstes war der bereits 816 genannte Garambach; so – vorübergehend auch Ir-Bach – hieß früher der Winterspelter Bach.
Tourenbeschreibung   Wir gehen die »Heckhalenfelder Straße« abwärts und biegen unterhalb des Ortsendes, noch vor dem Friedhof, links in den Weg »Tanne« ein, bergab ins *Winterspelter Bachtal.* Den ersten Bachübergang benutzen und an der anderen Talseite wenige Schritte nach rechts, über ein Nebengewässer.

Nach links folgen wir nun dem Zeichen »Eule«: Im Wald gestreckt bergauf; von oben mit einer Waldstraße wieder bergab, bis hinter das erste Haus von *Heckhalenfeld;* bereits vor dem *Heckhalenfelder Bach* nach links dessen Tal aufwärts, und an allen Abzweigungen neben dem Bachlauf bleiben; etwa am Ende

des Weges, 50 Meter vor einem Weidezaun, links den Waldpfad
hoch zu einem querverlaufenden Waldfahrweg. (1 Stunde)

Auf diesem Fahrweg nach rechts, um den oberen Rand der
Hangwiese und anschließend kurvig durch den Wald, zuletzt ansteigend auf den *Dackscheidberg*. Dort auf der Straße nach
rechts bis zur Kurve.

In der Kurve geradeaus, 200 Meter in eine Waldstraße; an der
Gabelung jedoch nach rechts in den mit »G« markierten *Grenzwanderweg* wechseln: Etwa 200 Meter ebener Weg, dann in den
Weg nach rechts abbiegen; wenig danach abwärts und am Waldrand geradeaus (Feld bleibt rechts) bis zur vordersten Waldecke;
links herum dem Waldrand entlang; wo die nächste Feldstraße
hinzustößt, links im Wald abwärts; an der nächsten Wegverzwei-

gung rechts herum und nun – stets an dieser Talseite – neben dem *Grenzbach* abwärts; ganz unten den Winterspelter Bach überbrücken, links sein Tal etwa 100 Meter abwärts, hinter dem Grenzstein jedoch rechts abbiegen und den Hang hinauf.

Oben, vor einer Wiese, verlassen wir den Grenzwanderweg und folgen geradeaus dem Zeichen »Schmetterling«: Vor einer Schutzhütte vorbei, um den *Ourberg* und nach Winterspelt.

71 Schönberg – Klein- und Großweberbach, mit Verlängerung über Herresbach

Verkehrsmöglichkeiten Belgische Buslinie 401 von Vielsalm, St. Vith und Manderfeld.
Parkmöglichkeiten An der Kirche.
Wegmarkierungen Weiß mit blau (Rundweg 5).
Tourenlänge 9 Kilometer, mit Verlängerung 13 Kilometer.
Wanderzeit 2½ Stunden, mit Verlängerung 3½ Stunden.
Höhenunterschiede Insgesamt etwa 250 Meter, mit Verlängerung 300 Meter. Leichte Wanderung.
Wanderkarte 1:25000 St. Vith; 1:50000 L 5702 Bleialf oder Deutsch-Belgischer Naturpark, Südteil.
Verlängerung An der in der Tourenbeschreibung genannten Stelle links herum und auf einem Waldweg (Weg 1) das Tal des Großweberbaches aufwärts, auch noch durch den Steinbruch; an der dann folgenden Wegverzweigung nach rechts an der Trinkwasseranlage vorbei ansteigen. In Herresbach nach rechts durch den ganzen Ort. Am Ende mit der Querstraße (Richtung St. Vith) nach rechts ansteigen und den weiß-roten Streifen des Hauptwanderweges folgen: An den letzten Häusern rechts ab und dem Rauhenbusch entlang; erst am Waldende von der Nebenstraße abweichen und direkt hinab nach Schönberg.
Anmerkung Einkehrmöglichkeit unterwegs am Campingplatz, in der Verlängerung auch in Herresbach.
Wissenswertes Der östliche Waldbereich des einstmals fränkischen Hofes Amel wird Ommerscheid(-er Wald) genannt. Das Gebiet wird erstmals vor 1157 in einer Festlegung des Wildbanns der Kölner Erzbischöfe erwähnt. – Schönberg siehe Tour 67.
Tourenbeschreibung Von der Kirche wandern wir Richtung Sankt Vith über die *Our* und folgen den weiß-blauen Markierungen: Vor dem *Weberbach* zum Camping »Waldecho« einbie-

202

gen; hinter der Brücke über den *Großweberbach* nach links und
das Tal des *Kleinweberbaches* aufwärts, wobei der Bach zunächst
zur Linken bleibt; der Weg wird zum Pfad, und der Bach wird
an einem *Naturschutzgebiet* durchquert, um an seiner anderen
Seite auf einem Fahrweg nach rechts weiter anzusteigen; in den
wenig später abzweigenden Fahrweg nach rechts etwas abwärts,
jedoch noch vor der Taltiefe wieder nach links abbiegen und

weiter talaufwärts *(Staatsforst Our)*; nach 10 Minuten Anstieg wird der Fahrweg am Distrikt 162 nahezu eben, und wir biegen in den nächsten Weg nach rechts ab, um unten den Quellgang des Kleinweberbaches erneut zu überschreiten; der Weg steigt in *Ommerscheid* über den Waldsattel *Zung* und senkt sich ins Tal des Großweberbaches, zu Fischteichen und einem Straßentreff. (Etwa 1 Stunde)

An dieser Stelle beginnt nach links herum die »Verlängerung«; für die kürzere Strecke wird die Straßenkreuzung nur überquert und auf einer Straße etwas angestiegen; in der Linkskurve rechts ausbiegen, über den Großweberbach und sein Tal nunmehr an der Westseite abwärts, im Wald also stets auf dem talseitigen Weg bleiben. Vom Campingplatz auf der Hinstrecke zurück.

72 Steinebrück – Grenzwanderwege – Winterspelt – Ihren

Verkehrsmöglichkeiten Deutsche Buslinie 4376: Prüm – Winterspelt – Steinebrück. Belgische Buslinie 48a von Eupen und St. Vith nach Steinebrück. – Autobahn Verviers – Malmedy – St. Vith Richtung Trier, Abfahrten St. Vith – Lommersweiler und Steinebrück oder Winterspelt; von Prüm oder Trier kommend die Ausfahrt Winterspelt nehmen.

Parkmöglichkeiten An beiden Seiten der Ourbrücke. – Für Wanderer, die in Winterspelt starten: An der Bushaltestelle Ekke Heckhalenfelder Straße.

Wegmarkierungen Am Anfang und Ende »G« (deutscher Grenzwanderweg), sonst wechselnde Symbole; siehe Tourenbeschreibung.

Tourenlänge 13 Kilometer, Abkürzung 10 Kilometer.

Wanderzeit 3½ Stunden, Abkürzung 2½ Stunden.

Höhenunterschiede Etwa 400 Meter. Leichte Wanderung.

Wanderkarte 1:35000 Prümer Land (Nr. 17). Hilfreich ist auch die deutsche topographische Karte 1:25000 Blatt 5703 Bleialf.

Abkürzung An der in der Tourenbeschreibung genannten Stelle mit dem Zeichen »G« links abbiegen, nach 50 Meter Anstieg geradeaus (!) auf den Wanderweg »Schmetterling« und das Frehlenbachtal hinauf nach Winterspelt. Durch die »Pulverstraße«, die vor dem »Kirchweg« links kurvt. Über die Landstraße hinweg auf den beschriebenen Weg »Am Hagberg« (Zeichen »Eule«).

Anmerkung Einkehrmöglichkeiten: Gasthaus Waldtalsmühle unterhalb Heckhalenfeld, in Winterspelt sowie in Steinebrück (belgische Seite). – Weitere Wanderung ab Winterspelt: Siehe Tour 70.

Wissenswertes Zum Fluß Our siehe Tour 52, zum Ort Winterspelt siehe Tour 70.

Tourenbeschreibung In *Steinebrück* beginnt die Wanderung an der deutschen Seite der *Our* auf dem *Grenzwanderweg* »G«: Unter der Autobahnbrücke hindurch auf den unteren Weg und beständig über dem Ourtal, bis zur Querstraße Elcherath – Hemmeres. Diese lediglich überschreiten und ein Feldsträßchen abgehen. An zwei Buchen in die von Elcherath kommende Straße abwärts ins Ourtal. (1 Stunde)

Nach 40 Schritten auf der Talstraße beginnt nach links ansteigend die vorgenannte Abkürzung; für die ganze Strecke gehen wir aber nochmals 50 Schritte weiter auf der Talstraße und biegen erst vor der Brücke über den verrohrten *Winterspelter Bach* links ab. Auf einem Feldweg erst entlang der *Staatsgrenze* dieses Tal aufwärts, dann dem Zeichen »Eichhörnchen« folgen: Weiter talaufwärts bis zur nächsten Straße; mit dieser über den Bach und oberhalb Gasthaus Waldtalsmühle (Ortslage *Heckhalenfeld*) nach links,erneut talaufwärts, aber nur noch bis zum nächsten Bachübergang. Auf diesem zur anderen Talseite wechseln und dem Zeichen »Tanne« folgen, nach links und erst ein Seitental hoch, dann in *Winterspelt* die »Heckhalenfelder Straße«. (Ab Ourtal wieder 1¼ Stunde)

In die »Hauptstraße« nach links. 50 Meter hinter Haus Hubertus (Restaurant) rechts »Am Hagberg« einbiegen und dem Symbol »Eule« folgen: Bergab aus dem Ort, mit weitem Landblick; vor einem Wäldchen in den Querweg nach rechts und weiter bergab. Bereits weit unten, biegt Weg »Eule« vor einem Wegetreff rechts Trittstufen hoch; wir aber behalten unseren Weg talwärts bei. Vor der hohen Böschung der Autobahn nach links, aber nach 50 Metern (Achtung!) rechts über ein Brückchen und steil hoch an den Rand der Autobahn. Nach links und die Autobahn überbrücken. Mit dem Zeichen »Reh« wieder nach links, vor (!) der *Talbrücke Ihren* jedoch rechts – in Richtung der Hochleitung – hinab nach *Ihren*, im Ort bis vor die Bushaltestelle und Ihrenbachbrücke. – An dieser Stelle links abbiegen, an dem Wegkreuz sogleich wieder rechts und auf einem Feld- und Waldweg das *Ihrental* abwärts, zuletzt mit Auf und Ab zur Kreisstraße »Urber Weg« (K 102). Auf dieser Straße verläuft wieder der deutsche Grenzwanderweg »G«: Nach links bis zur Landstraße (L 16) und diese abwärts nach Steinebrück.

73 Steinebrück – Hemmeres – Maspelt – Neidingen – Lommersweiler

Verkehrsmöglichkeiten Deutsche Buslinie 4376: Prüm – Winterspelt – Steinebrück. Belgische Buslinie 48a von Eupen und St. Vith nach Steinebrück. – Autobahn Verviers – Malmedy – St. Vith Richtung Trier, Abfahrten St. Vith – Lommersweiler und Steinebrück oder Winterspelt; von Prüm oder Trier kommend die Ausfahrt Winterspelt nehmen.

Parkmöglichkeiten An beiden Seiten der Ourbrücke.

Wegmarkierungen Wechselnd; siehe Tourenbeschreibung.

Tourenlänge 12 Kilometer. »Abkürzungen« beachten!

Wanderzeit Etwa 3 Stunden.

Höhenunterschiede Insgesamt etwa 700 Meter. Bergwanderung mit drei kräftigen bis steilen Auf- und Abstiegen.

Wanderkarte 1:25000 St. Vith; 1:50000 L 5702 Bleialf oder Deutsch-Belgischer Naturpark, Südteil.

Abkürzungen 1. Auf deutscher Seite nach Hemmeres, auf belgischer Seite im Ourtal zurück (5,5 km; 1¼ Stunden). 2. In einem der belgischen Orte (Maspelt, Neidingen oder Lommersweiler) starten und Hemmeres sowie den deutschen Grenzwanderweg aussparen (9 km; etwa 2 Stunden).

Anmerkung Möglichst Bergschuhe anziehen! – Zwei Bäche, die durchschritten werden müssen, können bei Hochwasser unpassierbar werden. – Einkehrmöglichkeiten in Maspelt und Lommersweiler, abseits vom Wanderweg. – Grenzübertritte. – Touristeninformation an der Tankstelle und Raststätte Lommersweiler-Dreihütten, nahe der Autobahnabfahrt.

Wissenswertes Während der Zerstörung der Stadt St. Vith durch Bomben am 1. und 2. Weihnachtstag 1944 überlebten viele St. Vither in den Eisenbahntunnels von Hemmeres und Neidingen, die beide unter dem Wanderweg liegen. – Lommersweiler entstand neben der Römerstraße Trier – Maastricht, jener VIA MANSUERISCA, die auch die Moore des Hohen Venn durchquerte. Bemerkenswerte Kirche einer Pfarre, die schon vor 915 n. Chr. bestanden haben dürfte.

Tourenbeschreibung In *Steinebrück* beginnt die Wanderung an der deutschen Seite der *Our* auf dem mit »G« markierten *Grenzwanderweg*: Unter der Autobahnbrücke hindurch auf den unteren Weg; beständig über dem Ourtal, bis zu einer Querstraße, auf der es hinab nach *Hemmeres* geht.

Die Our überbrücken, nach 50 Metern – 50 Meter vor den Stümpfen der einstigen Eisenbahnbrücke – mit weiß-blauen Markierungen links bergauf: Erst neben einem Bächlein, ein paar Meter an seinem Rand, dann einen Kurvenweg hoch; vom Waldaustritt in die Wiesen, wo die Weidedrähte sorgfältig wieder geschlossen werden; hinauf nach *Maspelt.* (1¼ Stunden)

Im Ortsinneren von der Muttergotteskapelle Richtung Lommersweiler abbiegen und weiß-roten Markierungen folgen: Nach 80 Schritten von der Straße links ab, durch das *Hasselbachtal,* ein Quellental hinauf und über den Berg nach *Neidingen.* (Wieder ¾ Stunden)

Über den *Braunlaufbach,* an der Kirche vorbei; in die nächste Straße nach rechts, vor Haus Nr. 22 vorbei in einen *Stationenweg* (Kreuzweg Christi): Im Braunlauftal aus dem Ort; hinter der Bahnunterführung nach rechts; über ein Seitengewässer und im Wald steil den *Etteberg* hoch; auf halber Höhe im Wald aus der Linkskurve des breiten Weges geradeaus (!) weitersteigen, vor *Station IX* vorbei; oben durch die Fluren in gleicher Richtung nach *Lommersweiler;* abwärts zur Schule und Station XII, dann zur Kirche.

Rechts am Kriegerdenkmal in die Straße Richtung Hasselbachtal, folgen wir nun wieder weiß-blauen Wanderzeichen: Die

Straße abwärts, an den letzten Häusern links abbiegen und ins Braunlauftal, *Gebiet Steingrube;* vor den zwei Häusern entlang, von Haus Nr. 71 in den Feld-Gebüsch-Weg, der sich um den Hang des Braunlauftales hinzieht, bis er die von Lommersweiler herabführende Straße trifft.

Diese Straße nur um ihre Kurve abwärts, dann nach links abbiegen und mit den weiß-roten Markierungen durch das Ourtal – diesmal auf belgischer Seite – zurück nach Steinebrück.

74 Burg-Reuland – Federbachtal – Richtenberg – Ourberg

Verkehrsmöglichkeiten Belgische Buslinie 395, St. Vith – Reuland.

Parkmöglichkeiten Am Kulturhaus, Dorf 135 (Hauptstraße, etwas unterhalb der Kirche).

Wegmarkierungen Weiß-rote Streifen (GRE; Hauptwanderweg der belgischen Ostkantone) bis Reelerfurt.

Tourenlänge 9 Kilometer. **Wanderzeit** Etwa 2½ Stunden.

Höhenunterschiede Insgesamt 440 Meter. Kräftige Aufstiege bis zum Rotheckberg und kurz bei Richtenberg.

Wanderkarte 1 : 25 000 Reuland/Ouren. Hilfreich ist die deutsche topographische Karte 1 : 25 000 Blatt 5802 Sevenig (Our).

Anmerkung Unterwegs keine Einkehrmöglichkeit. – Touristeninformation: Kulturhaus, Dorf 135, B-4790 Burg-Reuland. – Nahe der Burg (Dorf 63) befindet sich ein Begegnungszentrum der Deutschsprachigen Gemeinschaft Belgiens.

Wissenswertes Burg Reuland, 983 erstmals erwähnt, wurde berühmt durch seinen Ritter Dietrich, der am 3. Kreuzzug (1189) unter Kaiser »Barbarossa« teilnahm, als »der Löwe von Reuland« in die Geschichte einging und vor Akkon (heute Israel) starb. Die Herren von Reuland waren abhängig von den Grafen von Vianden. Trotz Zerstörung der Burg durch die Franzosen (1759) und Verkaufs der Ruinen auf Abbruch (1804), überragen der Bergfried und ein imposantes Gemäuer den Gemeindeort. Sehenswert auch die St.-Stephan-Kirche (1722) mit dem Marmorsarkophag des Burgherren Balthasar von Palandt aus einem Geschlecht, das von 1401 bis 1625 dort herrschte und zugleich die Wildenburg (Gemeinde Hellenthal) besaß. – Der Ourberg wird auch »Hungerberg« genannt. Das Schiefersteinkreuz unter den drei Fichten berichtet von Johann Arens, der am 31. 5. 1892 hier beim Roden vom Blitz erschlagen wurde.

Tourenbeschreibung   Vom Parkplatz gehen wir die Hauptstraße aufwärts, biegen wenig oberhalb der Kirche in die Ortsstraße ab und folgen den weiß-roten Markierungen: Hinter der Rechtskurve der Straße nach links durch den Torbogen; über die *Ulf* und die Straße hinauf, bis 50 Meter oberhalb der querverlaufenden, einstigen Bahntrasse; vom Hauptwanderweg 56 abweichend scharf rechts in den Waldweg und ab der nächsten Wegverzweigung bergauf; auf dem *Ourberg* vom *Johann-Arens-Kreuz* über die Querstraße hinweg; wo von links die nächste Feldstraße hinzustößt, nach rechts in den nicht befestigten Feldweg und hinab ins *Federbachtal;* an dieser Bachseite talaufwärts, erst als fester Weg, dann als (bei Nässe etwas matschiger) Waldweg, bis die weiß-roten Wandermarkierungen nach links über die *Reelerfurt* zeigen. (Etwa 1½ Stunden)

An dieser Stelle wechseln wir nach rechts auf Weg 6: Hangaufwärts, vor dem ersten Haus von *Richtenberg* steiler, am Waldrand. Die am *Wegkreuz von 1891* erreichte Straße etwa 250 Meter bergauf, dann rechts in die Nebenstraße abbiegen und über den Ourberg – mit Fernsicht – wandern. Ist oberhalb *Lascheid* die Querstraße überschritten, bereits in die nächste Feldstraße zur Linken (Wege 6 und 11) einbiegen und abwärts zurück nach *Burg-Reuland.*

75 Zwischen Ouren und Stupbach über die Ourberge

Parkmöglichkeiten   In Ouren.
Wegmarkierungen   Von Ouren bis ins Federbachtal: Weiß-rote Streifen (Hauptwanderwege GR 5 und GR E). Ab Stupbach wechselnd; siehe Tourenbeschreibung.
Tourenlänge   15 Kilometer.
Wanderzeit   3½ bis 4 Stunden.
Höhenunterschiede   Insgesamt etwa 800 Meter. Bergwanderung mit mehreren kräftigen An- und Abstiegen.
Wanderkarte   1 : 25 000 Reuland/Ouren. Hilfreich ist die deutsche topographische Karte Blatt 5802 Sevenig (Our).
Anmerkung   Grenzübertritte. – Einkehrmöglichkeit unterwegs nur in Stubach und Stupbach. – Bergschuhe anziehen!
Wissenswertes   Der 816 n. Chr. als »Hura« erstmals urkundlich erwähnte Fluß Our entspringt am Grenzübergang Losheimergraben und hat eines der landschaftlich reizvollsten Flußtäler der Eifel ausgeformt. – Der Ort Ouren (Belgien) wird bereits 1095 erwähnt und war lange Zeit eine Lehnsherrschaft der Grafen von Vianden. Neben Ouren lag der früher eigene Ort Peterskirchen. Die Peterskirche mit ihren zwei unterschiedlichen Türmen, davon einer in Form einer Helmspitze, wurde überwiegend 1741 errichtet; doch könnten Teile davon bereits aus dem 12. Jahrhundert stammen.

Tourenbeschreibung   Aus dem Ort *Ouren* gehen wir über die Ourbrücke, vor Hotel Rittersprung die Straße hinauf und entweder direkt zur *Peterskirche,* oder mit den weiß-roten Markierungen wie folgt dorthin: Richtung Weiswampach abbiegen und diese Straße hoch, bis vor die Linkskurve oberhalb des letzten Hauses; scharf rechts auf einen schmalen Felspfad, über den Felsrücken; an der *Kreuzigungskapelle* links und den *Stationenweg* hinab zur Peterskirche.

Unterhalb von Kirche und Friedhof (Geschichtstafel!) geht es mit den weiß-roten Wanderzeichen weiter: Die Straße links um den *Rittersprung* hinab (Geschichtstafel am Parkplatz im Tal!); ins *Schiebachtal* abbiegen; 100 Meter hinter dem am Wege stehenden Haus Nr. 3 scharf rechts hangaufwärts; in den Feldern links herum und den *Schiebachsberg* hinauf; über den ganzen Höhenzug und auf den *Hiereberg* (Prachtblick ins Luxemburgische); die Querstraße überschreiten und vollständig bergab; im Tal auf dem Querweg nach rechts durch die *Reelerfurt,* an der Waldecke wieder rechts einbiegen und das *Federbachtal* abwärts, erst Waldweg, später Fahrweg am Waldrand neben dem lichten Talgrund.

Wo die weiß-roten Wanderzeichen hinter einem Seitental und vor dem *Rotheckberg* nach links talaufwärts weisen, bleiben wir geradeaus im Federbachtal und erreichen bald das Ourtal. Im belgischen *Stubach* die Ourtalstraße nach links überqueren, abwärts und über die Our ins deutsche *Stupbach*. (2 Stunden)

Die Straße nach links etwas ansteigen, hinter Haus Nr. 10 rechts auf Wanderweg »W«: Kräftig bergauf, erst geteert, dann fester Fahrweg; oben in die offene Feldflur; in die nächste Feldstraße nach links, ansteigen und bis vor den Waldrand. Hier rechts auf Weg 102 wechseln und hinab nach *Welchenhausen*. (Wieder 1 Stunde)

Im Ort auf Weg »W« Richtung Harspelt die K 155 ansteigen, von der Kapelle jedoch auf Weg 104 direkt bergauf, oben mit der Kreisstraße aus dem Ort und hoch bis zur nächsten Linkskehre. Nun nehmen wir nach rechts (Richtung Harspelt) den *Grenzwanderweg* »G« (zugleich Reulander Wanderwege 3 und

7): An zwei Holzhäusern vorbei in die Feldflur; nach einem Anstieg im Wald erneut in Felder; dahinter im Eichengebüsch wieder bergauf und auf dem befahrbaren Weg in den Wald; an einem Schilderstock rechts (Richtung Ouren) abbiegen und die *Grimmelslei* hinab; im Ourtal durch den Campingplatz »International«, auf der Straßenbrücke über die Our und zurück nach Ouren.

76 Ouren – Europadenkmal – im Dreiländereck

Parkmöglichkeiten   In Ouren oder am Europadenkmal.
Wegmarkierungen   Wechselnd; siehe Tourenbeschreibung.
Tourenlänge   Über Hubertyshof 9 Kilometer, über Grimmelslei 12 Kilometer.
Wanderzeit   2½ bis 3½ Stunden.
Höhenunterschiede   Insgesamt etwa 400 bis 500 Meter. Bis Hubertyshof mehrfach kräftig bergauf. Kein steiler Abstieg.
Wanderkarte   1:25 000 Naturpark Südeifel, Blatt 1 – Nord – (Nr. 26) mit den Wanderwege-Nummern.
Anmerkung   Wegzehrung mitnehmen und feste, hohe Schuhe mit guten Profilsohlen anziehen! – Grenzübertritte. – Anschlußwanderung ab Europadenkmal nach Süden: Siehe im *Kompass Wanderführer »Vulkaneifel – Südeifel«.*

Europadenkmal im Dreiländereck   (Foto: Hans Naumann)

Wissenswertes Das am 22. 10. 1977 eingeweihte Europadenkmal südlich Ouren symbolisiert durch die Verschiedenheit seiner Steine und Tafeln die europäische Kultur- und Völkervielfalt in ihrem bewußten Miteinander. Am 12. 10. 1980 wurde als Beitrag zur Völkerverständigung genau am Dreiländerpunkt (Einmündung des Ribbach in die Our) eine Wanderbrücke eingeweiht und nach Georges Wagner aus Clerf benannt, einem Mitbegründer der Europäischen Vereinigung für Eifel und Ardennen. Der Ribbach/Rebach, der durch das Denkmalgelände fließt, im Mittelalter die Grenzlinie der Höfe Weiswampach und Heinerscheid (Buchenburg), bildet heute die luxemburgische Grenze.

Tourenbeschreibung Vom Parkplatz in *Ouren* folgen wir dem weiß-rot markierten Hauptwanderweg (GR 5, E 2) durch den

Ort und, ½ Stunde nach Süden, bis zum *Europadenkmal,* dessen Gelände vom *Ribbach/Rebach* durchflossen wird. Zurück bis vor den Parkplatz, zu dem einzelnen Haus einbiegen und auf Wanderweg 22: Auf der *Georges-Wagner-Brücke* über die *Our* ins Deutsche; *Our-Uferweg* rechts; von dem Platz vor der Schutzhütte links (!) durch das Bachtal und durch den Waldhang über der Our; ab dem nächsten von unten aufsteigenden Fahrweg kräftig bergauf bis zum oberen Waldende. Dort links abbiegen und auf Weg 101: Im Wald erst abwärts, später nacheinander über zwei Gewässer, dann gedehnt bergauf bis zur Straße oberhalb Harspelt, wo sich uns ein totaler Rundumblick bietet, vor allem auch tief nach Luxemburg hinein. (1½ Stunden)

Nach links an der Kapelle vorbei und noch 50 Meter weiter, müssen wir uns entscheiden: Geradeaus die Straße am *Hubertyshof* vorbei, führt unmittelbar nach Ouren zurück. Sonst muß rechts in den Feldweg abgebogen und Wanderweg 101 gefolgt werden, abwärts ins *Seisbachtal.* Hinter der Schutzhütte links herum auf Weg »W«: Über den Bach in die immer steiler werdenden Waldhänge, bis zu einem Schilderstock. Hier links (Richtung Ouren) auf Weg »G« (3 und 7) die *Grimmelslei* hinab; unten über den *Seisbach* und durch den Campingplatz, über die *Our* nach *Peterskirche* und nach *Ouren.*

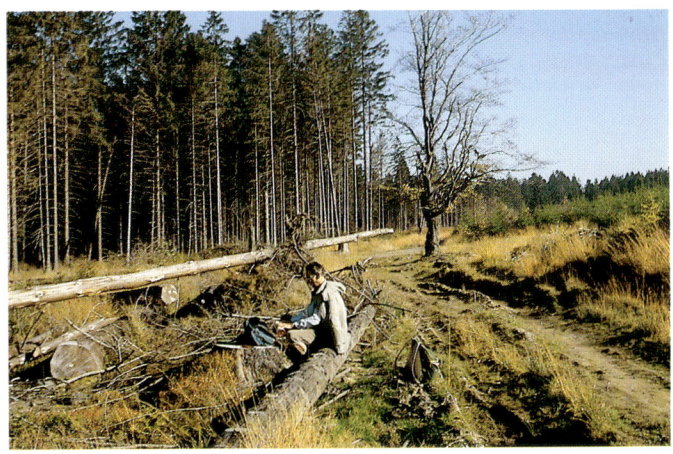

Rast im Lonlou   (Foto: Hans Naumann)

Anschriftenverzeichnis
Organisationen

In der Bundesrepublik Deutschland

Deutsches Jugendherbergswerk
Bismarckstraße 8, D-32756 Detmold

Europäische Wandervereinigung e. V.
Reichsstraße 4, D-66111 Saarbrücken

Verband Deutscher Gebirgs- und Wandervereine e. V.
Reichsstraße 4, D-66111 Saarbrücken

Deutsche Wanderjugend
Tannenweg 22, D-71364 Winnenden

Touristenverein »Die Naturfreunde«, Bundesgruppe Deutschland e. V.
Großglocknerstraße 28, D-70327 Stuttgart

Deutsche Zentrale für Tourismus e. V. (DZT)
Beethovenstraße 69, D-60325 Frankfurt

Deutscher Fremdenverkehrsverband e. V. /DFV)
Niebuhrstraße 16b, D-53113 Bonn

Belgisches Verkehrsamt
Berliner Allee 47, D-40212 Düsseldorf

Naturpark Nordeifel e. V.
Monschauer Straße 12, D-52076 Aachen

Eifelverein e. V. – Hauptgeschäftsstelle –
Stürtzstraße 2–6, D-52349 Düren

Deutsches Jugendherbergswerk, Landesverband Rheinland
Düsseldorfer Straße 1, D-40545 Düsseldorf-Oberkassel

Deutsches Jugendherbergswerk,
Landesverband Rheinland-Pfalz/Saarland
In der Meielache 1, D-55122 Mainz

Im Königreich Belgien

Generalkommissariat für Fremdenverkehr
Grasmarkt 61, B-1000 Brüssel

Office Allemand du Tourisme
23, rue Luxembourg, B-1000 Brüssel

Naturpark Hohes Venn-Eifel G.o.E.
77, Boulevard de la Sauvenière, B-4000 Lüttich
Anfragen an:
Naturparkzentrum Botrange
route de Botrange 131, B-4950 Robertville/Waimes

Informationsbüro der Naturschutzgebiete im Hohen Venn
Signal de Botrange, route de Botrange 133, B-4950 Robertville/Waimes

Verkehrsamt der Ostkantone
Mühlenbachstraße 2, B-4780 St. Vith

Comité National Belge des Sentiers de Grande Randonnée
B.P. 10, B-4000 Lüttich

Centrale Wallonne des Auberges de la Jeunesse
rue van Oost 52, B-1030 Brüssel

Centre belge du tourisme des jeunes a.s.b.l.
rue montoyer 31, bte 8, B-1040 Brüssel

Société Royale Les amis de la Fagne
rue Xhavée 16/10, B-4800 Verviers

Amis de la Nature
Avenue des Peupliers 10, B-4920 Embourg

De Natuurvrienden
Provinciestraat 53, B-2000 Antwerpen

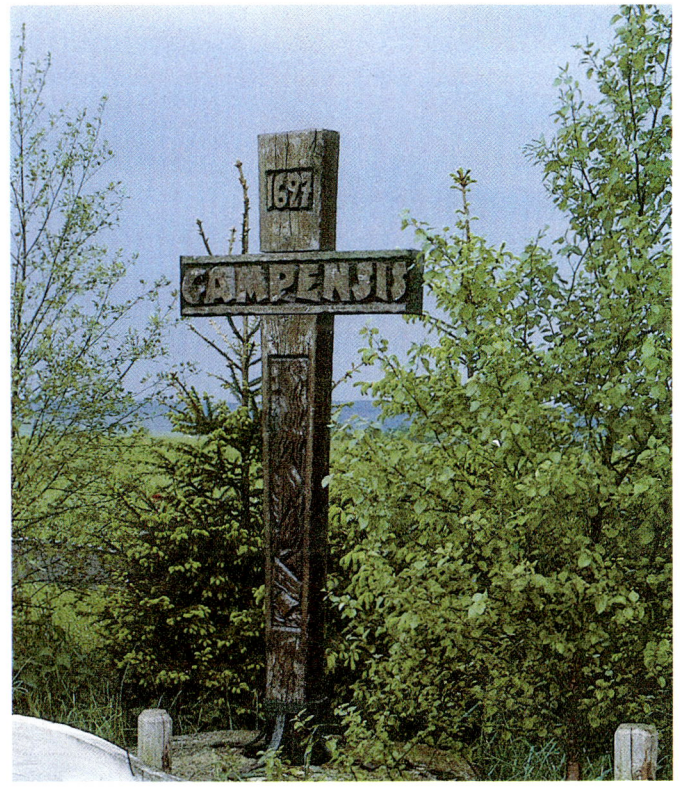

Michael Campensis – Kreuz bei Auw   (Foto: Hans Naumann)

Jugendherbergen

D-52074 Aachen, Colynshof,
Maria-Theresia-Allee 260

D-53902 Bad Münstereifel-Rodert
Herbergsweg 1–5

B-4960 Bevercé/Malmedy
Rue du Village 8a

D-53945 Blankenheim
Jugendburg, Burg 1

B-4700 Eupen
Judenstraße 79

D-53937 Schleiden-Gemünd
Im Wingertchen 9

D-53940 Hellenthal
Im Platis 3

D-53949 Dahlem-Kronenburg
Kronenburg-Baasem

D-52156 Monschau
Jugendburg, Auf dem Schloß 4

D-52156 Monschau-Hargard
Hargardsgasse 5

D-52385 Nideggen
Rather Straße 27

D-54595 Prüm
Pferdemarkt

D-52152 Simmerath-Rurberg
Kesternicher Straße

B-4780 St. Vith
Rodter Straße 13A

Naturfreundehäuser

Wanderheim Obermaubach
Bergsteiner Straße 58, D-52372 Kreuzau-Obermaubach

Maison des Amis de la Nature
route Xhoffraix 41, Hockai, B-4878 Francorchamps

Wichtiger Hinweis

Da die Jugendherbergen und Wanderheime zum Teil während der Woche und zu bestimmten Zeiten des Jahres geschlossen sind, empfiehlt der Verlag, diese Angaben nur als Hinweis zu betrachten und sich zum Planen – besonders einer längeren Wanderung – folgende Verzeichnisse zuzulegen:
1. Naturfreundehäuser in Deutschland
2. Deutsches Jugendherbergsverzeichnis
3. Internationales Jugendherbergs-Verzeichnis, Band 1 (Europa)
4. IYHF-Sprachführer für Jugendherbergsreisende im Ausland
Zu beziehen über den Buchhandel oder über eine der vorstehenden Adressen.

Weitere Veröffentlichungen des Verfassers

Rad-Wanderführer Donau

Dem erfahrenen Autor Hans Naumann kam es darauf an, gefahrloses und abgasfreies Radwandern zu ermöglichen. So entfallen mehr als drei Viertel der empfohlenen Strecken auf Feld- und Waldwege, Fluß- und Altwasserdämme sowie verkehrsberuhigte Nebenstraßen.

Rad-Wanderführer Eifel

Die schönsten Rund- und Streckentouren in der Eifel – zwischen Aachen und Trier, Düren und Koblenz, zwischen Rhein und Sauer sowie zwei Jugendherbergsfahrten durch die Eifel; 10 Talsperren der Eifeler Seenplatte und Bonn-Luxemburg-Mosel.

Rad-Wanderführer Romantische Straße

Die schönsten Rund- und Streckentouren, dazu eigene Jugendherbergsstrecken zwischen Würzburg und Füssen.

Wanderführer Ahrgebirge/Osteifel

Rundwanderungen, Streckenwanderungen, Naturlehrpfade: Ahrtalweg, Rotweinwanderweg, der Ahr entlang u. a. m.

Wanderführer Eifel

Rundwanderungen, Streckenwanderungen, Naturlehrpfade zwischen Aachen, Bleialf, Vianden, Trier, Koblenz und Bonn.

Wanderführer Vulkaneifel/Südeifel

Rund- und Streckenwanderungen: Oberes Kylltal, zwischen Ulmen und Bad Bertrich, Maare und Vulkane um Daun und Manderscheid u. a. m.

Moselhöhenwege

Wanderungen in die Moselberge: Hunsrück, Saargau, Luxemburg, Eifel.

DJH-Wegweiser ... rund um Jugendherbergen: Vulkaneifel · Südeifel · Ahrtal

Tips für Trips: Ausflugsziele, Wanderungen, Radtouren

Die zuverlässigen, tausendfach bewährten Wegweiser mit der Marke ›Kompass‹ und dem roten Punkt

Die schönsten Wanderungen

Allgäu I:
  Ober-Ostallgäu
Allgäu II:
  Region Westallgäu
Altmühltal/
  Frankenalb Süd
Bayerischer Wald
Berchtesgadener Land
Bergisches Land
Bodensee
Dresden
Eifel (gesamt)
Eifel 1:
  Ahrgebirge/Osteifel
Eifel 2:
  Deutsch-Belgischer
  Naturpark
Eifel 3:
  Vulkaneifel – Südeifel
Ems – Weser
Erzgebirge
Fichtelgebirge
Fränkische Schweiz/
  Frankenalb Nord

Großer Fränkische-
  Schweiz-Führer
Frankenwald
Frankfurt-Offenbach
Harz
Hohenlohe mit
  Georg-Fahrbach-Weg
Holsteinische Schweiz
Hunsrück
Lüneburger Heide
Mark Brandenburg Ost
Mark Brandenburg West
Mittelrhein
Mosel, Wanderregion
Münsterland
Niederrhein
Oberbayern I:
  Bayer. Voralpen/West
Oberbayern II:
  Bayer. Voralpen/Ost
Oberlausitz
Oberschwaben
Odenwald
Ostseeküste/Rügen

Pfalz
Großer Pfalz-Führer
Rhön mit Vogelsberg
Saarland
Sächsische Schweiz
Sauerland
Schwäbische Alb
Schwäbischer Wald
Schwarzwald Mitte:
  Kinzig – Feldberg
Schwarzwald Nord
Schwarzwald Süd:
  Feldberg – Rhein
Spessart
Stuttgart mit Schönbuch
Taunus
Teutoburger Wald
Thüringer Wald
Vogtland
VVS-Wanderführer
  Region Stuttgart
Weser-Leine-Bergland
Westerwald

Streckenwanderwege

Albrandweg
Lech
Mainwanderweg

Moselhöhenwege
Sauerland-Höhenring
Schwarzwaldhöhenwege

Fernwanderwege im
  Voralpenland
Westpfalz-Wanderwege

Europäische Fernwanderwege

Lexikon Europäische
  Fernwanderwege

E 1: Flensburg –
  Genua

E 3: Böhmerwald –
  Atlantik

E 5: Bodensee – Adria

Große Wanderwege –
  Übersichtskarte
  Europäische Fernwan-
  derwege u.a.m.
  1:550000 BRD

Wandern in Europa

Dolomiten
Harz-Niederlande-
  Wanderweg
Kanarische Inseln

Riesengebirge
Teneriffa
Trentino I Ost
Trentino II West

Tschechoslowakei
Vogesen Nord
Vogesen Süd

Wanderbares Österreich

Burgenland
Kärnten

Osttirol
Salzburger Land
Tirol

Vorarlberg
Wien, Wanderregion

Die schönsten Radtouren

Allgäu/Bodensee
Altmühltal/
　Frankenalb Süd
Augsburg/Umland
Bayerischer Wald
Bergisches Land mit
　Siegerland
Berlin und Umland
Radfernwandertouren
　1 Neue Bundesländer
　2 Ostsee – Bodensee –
　　Niederlande
　3 Rhein – Ostsee,
　　Mosel, Lahn,
　　Neckar, Main
Donau
Eifel
Fränkische Schweiz/
　Frankenalb Nord
Hamburg/Umland
Harz/Weser/Leine
Hohenlohe/Tauber-
　grund
Hunsrück/Saarland
Rad-Deutschland-Tour:
　Von JH zu JH (Ost)
Rad-Deutschland-Tour:
　Von JH zu JH (West)

Kurhessen-Waldeck
Lüneburger Heide mit
　Wendland
Mark Brandenburg Ost
Mark Brandenburg West
Mecklenburg-
　Vorpommern
Münsterland
Niederrhein 1
Niederrhein 2
Oberrhein – Elsaß I:
　Heidelberg –
　Straßburg
Oberrhein – Elsaß II:
　Straßburg – Basel
Oberschwaben/
　Bodensee
Odenwald/Bergstraße
Ostfriesland
Ostsee und
　Holsteinische Schweiz
Ostseeküste/Rügen
Pfaffenwinkel/östliches
　Allgäu
Rhein
Rheinhessen – Pfalz
Mit der S-Bahn
　an Rhein und Ruhr

Rhön/Vogelsberg
Romantische Straße
Ruhrgebiet
Sauerland
Schwäbische Alb
Schwäbischer Wald/
　Neckarland
Schwarzwald
Spessart/Kinzigtal/
　Fränkisches Weinland
Taunus/Wetterau
Teutoburger Wald
Thüringer Wald
Tour de
　Baden-Württemberg
Tour de Ländle I
Voralpenland II:
　Lech – Donau –
　Salzach
Westerwald
Balearen
Belgien
Dänemark
Frankreich
Inn
Loire
Niederlande
Rhône
Schweiz

DJH-Wegweiser

Wandern mit Kompaß und Karte
Spuren der Römer im Rheinland
Spuren der Römer: Rhein – Main
Spuren der Römer: Main – Rems
Spuren der Römer: Rems – Donau
Wandern mit Kindern und
　Jugendlichen
Wandern gut geplant und vorbereitet
Radwandern gut vorbereiten

Kinder und Jugendliche im Gebirge
...rund um Alpenvereinshütten
...rund um JH: Allgäuer Alpen/
　Bayerisch Schwaben
...rund um JH: Bayerische Alpen
...rund um JH: Hunsrück/Nahe
...rund um JH: Pfalz
...rund um JH: Vulkaneifel/Südeifel
...rund um NFH: Pfalz
...rund um JH: Saarland

DEUTSCHER WANDERVERLAG
Dr. Mair & Schnabel & Co. · Stuttgart

DJH – Wegweiser

...rund um Jugendherbergen

Vulkaneifel · Südeifel Ahrtal

Hans Naumann

Tips für Trips: Ausflugsziele
Täler · Wälder · Höhen · historische Städte
wandern · radwandern

Deutscher Wanderverlag Dr. Mair & Schnabel & Co

... rund um Jugendherbergen: Allgäuer Alpen

Tips für Trips: Ausflugsziele, Wanderungen, Radtouren. Beschrieben von *Veit Metzler.*

... rund um Jugendherbergen: Bayerische Alpen

Tips für Trips: Ausflugsziele, Wanderungen, Radtouren. Beschrieben von *Veit Metzler.*

... rund um Jugendherbergen: Pfalz

Tips für Trips: Ausflugsziele, Wanderungen, Radtouren. Beschrieben von *Heinz R. Wittner.*

... rund um Jugendherbergen: Hunsrück-Nahe

Tips für Trips: Ausflugsziele, Wanderungen, Radtouren. Beschrieben von *Heinz R. Wittner.*

... rund um Alpenvereinshütten: Mit Kindern im Gebirge

Allgäu und Lechtal.
Beschrieben von *Klaus Umbach, Wilfried Dewald* und *Wolfgang Mayr.*

Wandern mit Kindern und Jugendlichen

Spiele, Abenteuerwanderungen, Wander-Rallye und viele weitere Möglichkeiten.

Wandern mit Kompaß und Karte

und anderen Hilfsmitteln zur Orientierung.
Von *Heinrich Streich.*

Mit Kindern und Jugendlichen im Gebirge

Mit Gruppen im Gebirge – mit der Klasse unterwegs – praktische Tips, Ratschläge und Planungshilfen für Touren.

Radwandern gut vorbereiten Technik – Planung – Tips

Rund ums Rad. Kleine Geschichte des Fahrrads. Das Fahrrad in seinen Einzelteilen.

Wandern gut geplant und vorbereitet

Ratgeber und Wanderregeln.
Von *Friedrich Schuhmacher.*

Auf den Spuren der Römer im Rheinland

Ausflüge zu den Überresten aus römischer Zeit. Beschrieben von *Werner Schönhofen.*

Die Deutsche Wanderjugend (DWJ) ist die Jugendorganisation des Verbandes Deutscher Gebirgs- und Wandervereine. Die jugendlichen Mitglieder von sechs bis 25 Jahren pflegen natürlich das Wandern in kind- und jugendgerechten Formen. Die Deutsche Wanderjugend wanderte schon lange aus Freude an der Natur und aus Spaß, bevor das „Volkswandern" erfunden wurde. Die Kinder und Jugendlichen bei der Wanderjugend lernen, wie man richtig wandert, erfahren alles über eine wandergerechte Ausrüstung von den Wanderschuhen bis zum Rucksack und üben den Umgang mit Kompass und Karte.

Wandern ist aber nur ein Teil der Aktivitäten. Die Jugendarbeit der Deutschen Wanderjugend umfaßt ein viel breiteres Angebot. Die Jugendgruppen der Wanderjugend legen die Inhalte und Schwerpunkte ihrer Arbeit selbst fest. Im Rahmen einer sinnvollen aktiven Freizeitgestaltung werden in der Gruppenarbeit oft musisch-kulturelle Aktivitäten bevorzugt: Basteln, Werken, Pantomime, Laienspiel, kreatives Gestalten, Singen und Instrumentalspiel, Volkstanz. Die vielfältige Bildungs- und Jugendarbeit der Deutschen Wanderjugend erstreckt sich auf Freizeiten, Fahrten, Zeltlager, Lehrgänge zur politischen Bildung, internationale Jugendbegegnungen.

Eine wichtige Aufgabe stellt der aktive Natur- und Umweltschutz für die Wanderjugend dar. Dabei steht v. a. die Erziehung und Bildung der Kinder und Jugendlichen zum umweltbewußten Menschen im Vordergrund.

Wer mehr über uns, die DWJ, wissen will, schreibt an die

DWJ-Bundesgeschäftsstelle, Tannenweg 22, D-71364 Winnenden